Who Am I
나는 누구인가
쉽게 읽는 한글판 자랑스런 나의 뿌리

고령 신씨 이야기
高靈申氏

고령신씨(高靈申氏) 상징 조형물

작품명 : 웅비(雄飛)
조각가 : 신동수

고령신씨의 유서깊은 역사를 모태(母胎)로 하여 조형적으로 제작한 작품이다. 백두대간의 정기와 문(文), 무(武)의 주제를 바탕으로 구상한 것으로 산(山)형태의 덩어리는 백두대간의 기상을 형상화 하였고, 책(冊)형상은 문과(文科)에 급제하여 벼슬을 지닌 많은 선조들을 표현한 것이다. 산 윗부분의 원은 고령신씨를 상징하는 마크로서 떠오르는 태양과 같은 미래를 의미한다. 뿌리 깊은 명문대가(名門大家) 고령신씨의 화합과 번성이 후세에 까지 긍지와 자부심으로 맥(脈)을 이어가기를 염원하는 작품이다.
(대전광역시 중구 뿌리공원)

화보(畵報)

고령신씨 선조유적(高靈申氏 先祖遺蹟)

시조 검교군기감공(始祖檢校軍器監公) 신성용(申成用)의 묘소.
(경북 고령군 쌍림면 산주동 산38 만대산)

추모재(追慕齋). 처음 이름은 규월암(奎月庵)으로 1700년 경에 지어진 시조 묘소를 지키는 재실이다.

화보(畵報)

순은(醇隱) 신덕린(申德隣)과 호촌(壺村) 신포시(申包翅)를 모신 재실.
(전남 곡성군 오산면 가곡리)

묵정서원(墨井書院). 졸재(拙齋) 신식(申湜)의 학문과 덕행을 추모하기 위하여 1695년(숙종 21) 쌍천서원(雙泉書院)으로 창건되었다가 서원철폐령으로 1871년(고종 8)에 훼철되었다. 1942년 묵정서원으로 개칭하여 순은(醇隱) 신덕린(申德隣), 호촌(壺村) 신포시(申包翅), 엄헌(嚴軒) 신장(申檣), 하은(霞隱) 신통(申通), 종산(鍾山) 신집(申潗)을 추배하였다. (청원군 미원면 수산리)

화보(畵報)

고잔묘(高棧廟). 보한재(保閒齋) 신숙주(申叔舟)의 영정 및 유물을 보관하고 있는 사당으로 1997년 7월 24일 평택시 향토유적 제8호로 지정되었으며 고령신씨 종중에서 소유·관리한다. (경기도 평택시 청북면 고잔리)

영모문(永慕門). 고잔묘 입구 삼문 전경. 이곳에 모신 신숙주 영정은 구봉영당본에 있는 진본을 베껴 그린 것으로, 1890년에 제작하였으며, 감실주독(龕室主櫝)은 신주를 모셔두는 감실과 넣어두는 나무궤이다.

화보(畵報)

보한재(保閒齋) 신숙주(申叔舟)의 영정. 화폭에 가로 98cm·세로 166cm 규모로 그렸는데, 조선 전기 공신(功臣)의 영정에 사용된 좌안팔분면상 기법으로 그렸다. 보물 제613호. (묵정영당 봉안)

묵정영당(墨井影堂). 보한재(保閒齋) 신숙주(申叔舟)의 영정을 모신 영당. 충북유형문화재 제108호. 봉안된 영정은 1455년(세조 1)에 그린 것으로 현재 보물 제613호로 지정되어 있다. (충북 청원군 낭성면 관정리)

고령(高靈)신(申)씨이야기 • 7

화보(畵報)

귀래정(歸來亭). 신말주(申末舟)가 수양대군이 조카 단종을 내몰고 왕위에 오르자 순창으로 낙향하여 은거한 곳이다. (전북 순창군 순창읍 가남리)

성재공(醒齋公)
신익상(申翼相)의 영정.

화보(畵報)

신여량장군정려(申汝樑將軍旌閭). 임진왜란 때 활약한 신여량 장군의 충절을 기리기 위하여 1753(영조 29)에 지은 정려각. (전남 고흥군 동강면 마륜리)

어서각(御書閣). 청여(淸汝) 신의청(申義淸)에게 내린 정조(正祖)의 어서를 보관하기 위한 기념각. (충북 청원군 가덕면 청룡리)

고령(高靈)신(申)씨이야기 • 9

화보(畵報)

〈단오도(端午圖)〉. 혜원 신윤복(申潤福)의 풍속도. 지본채색(紙本彩色). 28.3×35.2cm. (간송미술관 소장)

신윤복의 산수화와 인물화. 좌로부터 〈송정아회(松亭雅會: 종이담채, 37.8 ×32.6cm)〉, 〈미인도(美人圖: 견본담채, 45.2×114cm)〉 (간송미술관 소장)

화보(畵報)

단재신채호사당(丹齋申采浩祠堂). 충북기념물 제90호.
(충북 청원군 낭성면 귀래리)

단재신채호기념관(丹齋申采浩記念館). (충북 청원군 낭성면 귀래리)

|머리말|

《 고령(高靈) 신(申)씨 이야기 》

 우리 한민족(韓民族)은 세계 어느 나라 어느 민족(民族)과도 비교되는 남다름을 담고 있는 민족이니, 그것은 유구한 역사와 시간 속에서도 한결같이 이어져온 하나의 혈맥(血脈)에서 나오는 자기 정체성과 일체감이 아닐까 합니다.
 우리들이 더욱 화목(和睦)하고 단합(團合)하여 국가(國家)와 민족(民族)에 봉사하는 것이야말로 우리들이 이《고령 신씨 이야기》를 발간하는 참뜻이라 할 것입니다.
 그런 의미에서 본 서책은 고령 신씨에 관해 체계적으로 정리 한 것으로 족인의식(族人意識)을 자각하고 일족(一族)의 친목(親睦)을 도모하며 조상(祖上)의 뛰어난 행적을 널리 알리고자 하는 목적으로 시대적 요구에 부응하는 가장 적합한 서책이라 할 것입니다.
 조상의 행적의 공(功)과 덕(德)이 많음에도 알지 못하면 부지(不知)의 소치이며, 그 공덕(功德)을 알면서도 전(傳)하지 아니하면 불인(不仁)의 소치라 하였습니다.
 급변하는 세상을 하루하루 바쁘게 살아오는 동안 오늘날 우리는 너나 할 것 없이 부지불인(不知不仁)을 면하지 못하고 있음을 생각하며 늘 안타까운 마음을 갖고 있던 차에 이렇게 우리의 역사를 성씨별로 읽기 쉽게 정리한 보첩이 발간되어 세상에 나오니 반가운 마음을 금할 수 없습니다.

머리말

특히 요즈음 자라나는 새 세대들은 세계사(世界史)나 외국 위인(偉人)에 대해서는 잘 알면서도 자기(自己)의 가계(家系)나 조상(祖上)들이 이루어 놓은 유사(遺事)에 관하여는 소홀히 하는 경향이 있는데, 이러한 시대적 상황에 처하여 온고지신(溫故知新)의 윤리도덕(倫理道德)으로 새로운 미풍양속(美風良俗)을 승화 발전시켜야 할 책무(責務)가 우리 세대에 요청받고 있으니, 다음 젊은 세대(世代)에게 올바른 윤리도덕(倫理道德)과 씨족(氏族)의 중요성을 일깨워야할 소명(召命)이며 의무(義務)가 아닐 수 없겠습니다.

지금까지의 대부분의 문중 사료와 보첩들은 우리 후손들에게는 너무 어려워서 가까이 하지 못한 점이 늘 안타까웠기에 본 《 고령 신씨 이야기 》는 남녀노소 모두에게 이해하기 수월하게 구성하여 묶어 내었습니다.

이로써 생활 속에서 보다 가깝고 친근하게 조상(祖上)과 뿌리를 알게 하고 기본적인 예절을 알게 되는 계기가 될 것이라 기대합니다.

그동안 이 보첩의 발간을 위하여 지원하고 노력하여주신 여러분들에게 진심으로 감사를 드리며, 우리민족의 위대한 발전과 도약을 기원합니다.

2014. 9. 25.
성씨이야기편찬실

|차 례|

ㅁ머 리 말 / 13
ㅁ차   례 / 15
ㅁ일러두기 / 16

화보(畵報) ……………………………………… 3

고령신씨(高靈申氏)

고령신씨 연원(高靈申氏 淵源) ………………… 19
  시조 및 본관의 유래(始祖 및 本貫의 由來) ………… 19
  본관지 연혁(本貫地 沿革) ……………………… 20
  씨족사 개요(氏族史 槪要) ……………………… 22
  고령신씨 문벌(高靈申氏 門閥) ………………… 25
세계와 항렬(世系와 行列) ……………………… 28
  고령신씨 세계도(高靈申氏 世系圖) …………… 28
  고령신씨 항렬표(高靈申氏 行列表) …………… 36
역대 주요 인물(歷代主要人物) ………………… 37
  고려시대(高麗時代) …………………………… 37
  조선시대(朝鮮時代) …………………………… 44

|일러두기|

1. 이 책은 전통적인 족보(族譜)와 보첩(譜帖)의 체제에서 벗어나 선조(先祖)들의 구체적인 행적(行蹟)에 대해 일반인들과 젊은 세대(世代)가 쉽게 보고 이해할 수 있도록 하는 것에 주된 방향을 맞추어 편찬하였습니다. 때문에 어려운 한문체(漢文體)의 내용이나 중복되는 내용이 많은 것은 배제하였습니다.

2. 본 보첩(譜諜) 편찬의 근본정신은 오랜 역사를 거쳐 오면서 유실된 사료(史料)와 각 씨족별로 나타나는 복잡하고 많은 이설(異說) 등의 다양한 견해(見解)를 모두 반영하기 보다는 자라나는 어린 후손들에게 보다 쉽고 친근하게 선조의 씨족사를 이야기하고 선조의 발자취를 보여줌으로써 자긍심을 키우고 미래를 밝혀줄 바른 정신을 전하고자 하는데 있음을 밝혀둡니다.

3. 본 서(書)는 각 성씨별, 관향별 종친회(宗親會)와 그 외 각 지파(支派)에서 발간해온 보첩과 자료를 주로 참고하였으며, 일반 서적과 사전류에 수록된 내용들도 발췌 정리하여 엮음으로써 가능한 한 많은 내용을 담도록 노력하였습니다.

4. 수록된 관향의 순서는 가나다순(順)으로 하였으나 편집의 편의상 선후가 바뀔 수도 있음에 양해를 구하며, 인물의 경우 계대를 따르는 것을 원칙으로 하였으나 여의치 않을 경우 대략적인 활동 연대순을 따랐습니다.

5. 각 본관별(本貫別) 내용 구성은 먼저 주요 선조의 유적 유물 사진을 수록하고, 연원(淵源)과 씨족사(氏族史), 세계(世系)과 행렬(行列) 등을 한눈에 이해하기 쉽게 정리하고, 그리고 역대 주요 명현(名賢)의 생애와 업적을 이해하기 쉬운 약전(略傳) 형식으로 수록하였습니다.

6. 수록한 내용과 인물들은 삼국유사 《三國遺事》,삼국사기 《三國史記》,고려사 《高麗史》,조선왕조실록 《朝鮮王朝實錄》,고려공신전 《高麗功臣傳》,국조방목 《國朝榜目》 등의 일반 사료(史料)의 기록을 기반으로 하여 각 성씨별 문중(門中)에서 발행한의 보첩에 나타나 있는 명현(名賢)을 망라하였으나 자료의 미비로 부득이 누락된 분들은 다음 기회에 보완 개정하고자 합니다.

고령신씨

高靈申氏

고령신씨 연원(高靈申氏 淵源)

시조 및 본관의 유래(始祖 및 本貫의 由來)

 고령신씨(高靈申氏) 시조는 신라 공족(公族)의 후예인 신성용(申成用)으로, 그 이전의 세계(世系)는 알 수 없으나 신성용(申成用) 이전에도 신씨(申氏)는 고령(高靈)지방의 토착세력이었을 것인데, 고령(高靈)은 대가야국(大伽倻國) 이었던 곳이므로, 고령신씨(高靈申氏)는 가야(伽倻)의 호족으로 고령에 세거해 왔다고 한다. 그 후 후손들은 여러 대를 걸쳐 정착 세거해 온 고령을 본관으로 삼아 세계를 이어오고 있다.

 시조 신성용(申成用)은 고려조에 문과에 올라 검교(檢校) 군기감(軍器監)을 지냈다. 《어성보(漁城譜)》 서문에 보면 고령신씨(高靈申氏)는 고려시대에 들어와 크게 드러났다고 하였고 《병암보(屛岩譜)》에는 고령신씨(高靈申氏)가 영천(靈川)에서 발원(發源), 상조(上祖)로부터 4세까지 모두 등과하였다는 기록이 있다. 따라서 고령신씨(高靈申氏)가 신라 이래에 지방호족(地方豪族)으로 세를 누렸지만, 시조공 신성용(申城用)이 문과에 급제, 중앙에 진출하면서 현족(顯族)으로 기틀을 세웠음을 알 수 있다. 영천(靈川)은 고령(高

靈)의 옛이름으로 후손들이 고령(高靈)을 관향(貫鄕)으로 삼게 된 것이다.

본관지 연혁(本貫地 沿革)

고령(高靈)은 경상북도 남서쪽에 위치한 지명으로 대가야국의 중심지로 이진아고왕(伊珍阿鼓王 : 內珍朱智)으로부터 도설지왕(道設智王)까지 16대 520년간을 계승해 오다가 562년(신라 진흥왕 23) 신라에 병합되었고, 757년(경덕왕 16)에 고양군(高陽郡)으로 강주(康州 : 晉州)의 관할이 되었다. 1018년(고려 현종 9) 영천현(靈川縣)으로 개편되어 경산부(京山府 : 星州)에 속하게 되었다. 1175년(명종 5)에 감무를 두었다. 1413년(태종 13)에 고양군과 영천현을 고령현(高靈縣)으로 병합하고, 1895년(고종 32) 지방재정 개정으로 성주군(星州郡)과 현풍군(玄風郡)의 일부를 통합한 고령군이 되었다. 1975년 고령면이 읍으로 승격되었다.

세종실록지리지(世宗實錄地理志) : 고령현(高靈縣)

본디 가야국(伽倻國)인데, 시조(始祖) 이진아고(伊珍阿鼓)로부터 도설지왕(道說智王)까지 무릇 16세 5백 20년이었다. 신라 진흥왕(眞興王) 22년 임오에 이를 멸(滅)하고 그 땅을 가야군을 만들었고, 【바로 진(陳) 문제(文帝) 천가(天嘉) 3년이다.】 경덕왕이 지금의

고령신씨(高靈申氏)

이름으로 고쳤다. 고려 명종(明宗) 5년 을미에 비로소 감무(監務)를 두었는데, 본조에서 그대로 따랐다가, 태종 13년 계사에 예(例)에 의하여 현감(縣監)으로 고쳤다.

사방 경계는 동쪽으로 현풍(玄風)에 이르기 21리, 서쪽으로 야로(冶爐)에 이르기 18리, 남쪽으로 초계(草溪)에 이르기 19리, 북쪽으로 성주(星州)에 이르기 6리이다.

호수는 2백 87호, 인구가 1천 7백 22명이며, 군정(軍丁)은 시위군(侍衛軍)이 27명, 영군(營軍)이 11명, 선군(船軍)이 2백 18명이다.

토성(土姓)이 7이니, 신(申)·박(朴)·이(李)·유(兪)·김(金)·백(白)·정(鄭)이며, 속성(續姓)이 2이니, 윤(尹)【칠원(漆原)에서 왔다.】·조(趙)【근본은 알 수 없고, 지금은 향리가 되었다.】이다.

땅이 기름지고 메마른 것이 서로 반반씩이고, 기후는 따뜻하며, 간전(墾田)이 2천 1백 77결이다.【논이 5분의 2이다.】토의(土宜)는 벼·조·기장·마늘이며, 토공(土貢)은 꿀·밀【黃蠟】·칠·종이·왕대[簜]·은구어·삵가죽·노루가죽이요, 약재(藥材)는 황기(黃耆)·목단피(牧丹皮)·백부자(白附子)이다. 자기소(磁器所)가 1이니, 현(縣) 동쪽 예현리(曳峴里)에 있다.【상품이다.】

미숭산 석성(美崇山石城)은 현 서쪽 19리에 있다.【높고 험하며, 들레가 3백 97보인데, 안에 샘 6, 못 1이 있고, 또 군창(軍倉)이 있다.】역(驛)이 1이니, 안림(安林)이요, 봉화가 1곳이니, 망산(望山)이 현 동쪽에 있다.【서쪽으로 야로(冶爐) 미숭산(美崇山)에 응하

고령신씨(高靈申氏)

고, 북쪽으로 가리현(加利縣) 이부로산(伊夫老山)에 응한다.】

씨족사 개요(氏族史 槪要)

 고령신씨(高靈申氏)는 선조들이 고령에 살면서 대대로 호장(戶長)을 지내 왔던 것으로 보이며, 조선시대에 상신 3명, 대제학 3명 등 많은 문신을 배출한 명문벌족(名門閥族)이다.

 시조의 현손 신덕린은 고려 말 우왕 때 예조판서를 지냈고, 글씨에 뛰어나 그의 글씨를 덕린체라 일컬어졌는데, 《해동필첩(海東筆帖)》에도 명필로 기록되어 있다.

 신덕린의 맏아들 신장(申檣)은 태종 때 문과에 급제한 뒤 직제학(直提學)을 거쳐 세종 때 대제학(大提學)을 지냈으며 《태종실록(太宗實錄)》 편찬에 참여하였다. 신덕린의 둘째 아들 신평(申枰)은 세종 때 사간원정언을 지냈고, 셋째 아들 신제(申梯)는 벼슬이 사헌부감찰에 이르렀다. 문충공 신숙주(申叔舟)를 포함한 신장의 아들 5형제는 모두 과거에 급제하고 관직에 나아가 이후 정승을 비롯한 91명의 대과 급제자를 배출하였다.

 신숙주(申叔舟)는 특히 뛰어났으며, 그 후손에서 많은 인물이 나왔다. 세종 때 훈민정음 창제에 공이 컸으며, 계유정난(癸酉靖難)에 가담하여 정난공신(靖難功臣)에 오른 것을 비롯하여 세조 때 좌익공신(佐翼功臣), 예종 때 익대공신(翊戴功臣), 성종 때 좌리공신(佐

理功臣) 등 잇달아 공신에 책록되었고, 대제학·병조판서·영의정을 역임하였으며, 당대의 대학자로서 저서를 많이 남겼다. 그의 아들 8형제가 모두 이름을 떨쳤고, 후손이 크게 번창하였다.

신숙주의 아들대에서 봉례공파(奉禮公派:澍)·함길백파(咸吉伯派:)·황해백파(黃海伯派:澯)·고천군파(高川君派:瀞)·뇌헌공파(懶軒公派:浚)·강원백파(江原伯派:溥)·영성군파(靈城君派:泂)·호군공파(護軍公派:泌)로 분파되었다. 8형제 중 넷째 정은 성종 때 좌리공신, 다섯째 준은 중종반정의 공신, 맏이 주의 아들 신종호(申從濩)는 과거가 있은 이후 처음으로 진사시·문과·중시에 모두 장원급제하여 이름을 떨쳤다.

그의 아들 신항(申沆)은 성종의 부마였고, 아우 신잠(申潛)은 시(詩)·서(書)·화(畵)의 3절(絶)로 불리었다. 신항의 손자 신의(申儀)는 중종의 부마, 종증손인 신경식(申景植)은 인조반정의 공신이다. 둘째 신면의 아들 신용개(申用漑)는 갑자사화(甲子士禍) 때 영광(靈光)으로 유배되었다가 중종반정으로 재기용되어 대제학·우의정·좌의정을 지냈다.

그의 현손 신응구(申應榘)는 인조반정 후 춘천부사(春川府使)를 지냈고, 신응구의 손자 신익상(申翼相)은 갑술환국으로 소론이 집권한 뒤 공조판서·우의정을 역임하였다. 일곱째 형의 아들 신광한(申光漢)은 을사사화 때 소윤(少尹)에 속하여 대윤(大尹)일파 제거에 공을 세워 영성부원군(靈城府院君)에 봉해졌으며, 양관대제학에 좌찬성을 지내고 궤장(几杖)을 하사받았다.

신광한의 종증손인 관찰사 신용(申涌)과 대사헌 신식(申湜) 형제는 문한으로 유명하다. 신숙주의 아우 신말주(申末舟)는 형과는 달리 세조가 왕위를 찬탈하자 벼슬을 버리고 낙향했으며, 그의 손자 신공제(申公濟)는 중종 때 이조판서를 지내고 청백리에 녹선되었다. 신공제의 4대손인 신경준(申景濬)은 고증학적 방법으로 지리학을 개척한 실학자이며 《훈민정음운해(訓民正音韻解)》를 저술하여 한글에 대한 과학적 연구에 업적을 남겼다.

이밖에 신숙주의 10대손으로 의금부도사 · 승지를 지내고 시 · 서 · 화의 3절로 불린 신광수(申光洙)가 있다. 근세인물로는 풍속화가로 유명한 신윤복(申潤福)과 사학자 신채호(申采浩), 그리고 민족대표 33인의 한 사람인 신홍식(申洪植) 등이 있다.

고령신씨 주요 파(派)는 암헌공파(巖獻公派)는 서윤공파(庶尹公派) · 순창공파(淳昌公派) · 문충공파(文忠公派) · 안동공파(安東公派), 귀래정공파(歸來亭公派), 정은공파(靜隱公派)는 생원공파(生員公派) · 통덕랑공파(通德郞公派) · 성재공파(省齋公派), 감찰공파(監察公派)는 사성공파(司成公派) · 인천공파(仁川公派) · 사정공파(司正公派) · 사직공파(司直公派), 시중공파(侍中公派)는 상호군파(上護軍派) · 참판공파(參判公派) 등으로 나뉘어졌다.

2000년 통계청이 발표한 결과에 의하면 고령신씨는 36,250가구 총 116,966명이 있는 것으로 되어 있다.

고령신씨 문벌(高靈申氏 門閥)

관직록(官職錄)

○ 정승(政丞)

신숙주(申叔舟) 시호(諡號) 문충(文忠), 호(號) 보한재(保閒齋), 영의정

신용개(申用漑) 시호(諡號) 문경(文景), 호(號) 이요정(二樂亭), 좌의정

신익상(申翼相) 시호(諡號) 정간(貞簡), 호(號) 성재(醒齋), 우의정

○ 판서(判書)

신덕린(申德隣) 호(號) 순은(醇隱), 고려 예의판서

신 준(申 浚) 호(號) 나헌(懶軒), 형조·이조·공조판서, 좌찬성

신공제(申公濟) 호(號) 이계(伊溪), 이조판서, 좌참찬

신광한(申光漢) 호(號) 기재(企齋), 형조·이조판서, 좌찬성

신헌구(申獻求) 호(號) 백파(白波), 형조·예조·이조판서

○ 참판(參判)

신 장(申 檣) 호(號) 암헌(巖軒), 공조좌참판

신 정(申 瀞) 호(號) 언유(彦游), 이조·공조참판

신종호(申從濩) 호(號) 삼괴당(三魁堂), 예조·호조참판

신 담(申 湛) 호(號) 어성(漁城), 예조참판

신 식(申 湜) 호(號) 졸재(拙齋)·임곡(臨谷), 예조·공조참판

고령신씨(高靈申氏)

신득연(申得淵) 호(號) 현포(玄圃), 예조참판
신 유(申 濡) 호(號) 죽당(竹堂), 이조·호조·예조·병조·
                형조·공조참판
신좌모(申佐模) 호(號) 담인(澹人), 이조·병조·형조·공조참판

○ 대제학(大提學)
신숙주(申叔舟) 시호(諡號) 문충(文忠), 호(號) 보한재(保閑
                齋), 예문관 대제학, 보문각 대제학
신용개(申用漑) 시호(諡號) 문경(文景), 호(號) 이요정(二樂
                亭), 예문관 대제학, 홍문관 대제학
신광한(申光漢) 시호(諡號) 문간(文簡), 호(號) 기재(企齋), 예
                문관 대제학, 홍문관 대제학

○ 제학(提學)
신덕린(申德隣) 호(號) 순은(醇隱), 보문각 제학
신 장(申 檣) 호(號) 암헌(巖軒), 집현전 제학
신종호(申從濩) 호(號) 삼괴당(三魁堂), 예문관 제학, 홍문관
                제학
신공제(申公濟) 호(號) 이계(伊溪), 예문관 제학, 홍문관 제학

○ 부제학(副提學)
신 식(申 湜) 호(號) 졸재(拙齋)·임곡(臨谷), 홍문관 부제학
신 담(申 湛) 호(號) 어성(漁城), 홍문관 부제학
○ 직제학(直提學)
신 유(申 濡) 호(號) 죽당(竹堂), 홍문관 직제학

고령신씨(高靈申氏)

시호록(諡號錄)

신숙주(申叔舟) 시호(諡號) 문충(文忠), 호(號) 보한재(保閒齋), 영의정

신 준(申 浚) 시호(諡號) 소안(昭安), 좌찬성

신용개(申用漑) 시호(諡號) 문경(文景), 호(號) 이요정(二樂亭), 좌의정

신광한(申光漢) 시호(諡號) 문간(文簡), 호(號) 기재(企齋), 좌찬성

신공제(申公濟) 시호(諡號) 정민(貞敏), 호(號) 이계(伊溪), 좌참찬

신 항(申 沆) 시호(諡號) 문효(文孝), 호(號) 삼괴당(三魁堂)

신익상(申翼相) 시호(諡號) 정간(貞簡), 호(號) 성재(醒齋), 우의정

불천지위(不遷之位)

신숙주(申叔舟) 시호(諡號) 문충(文忠), 호(號) 보한재(保閒齋), 공신으로서 성종조에서 부조지전을 내림

신 정(申 瀞) 호(號) 언유(彦游), 고천군(高川君), 공신으로서 성종조에서 부조지전을 내림

신 준(申 浚) 시호(諡號) 소안(昭安), 공신으로서 성종조에서 부조지전을 내림

신 항(申 沆) 시호(諡號) 문효(文孝), 호(號) 삼괴당(三魁堂), 고원위(高原尉), 성종대왕의 사위

신 의(申 檥) 영천위(靈川尉), 중종대왕의 사위

고령신씨(高靈申氏)

세계와 항렬(世系와 行列)

고령신씨 세계도(高靈申氏 世系圖)

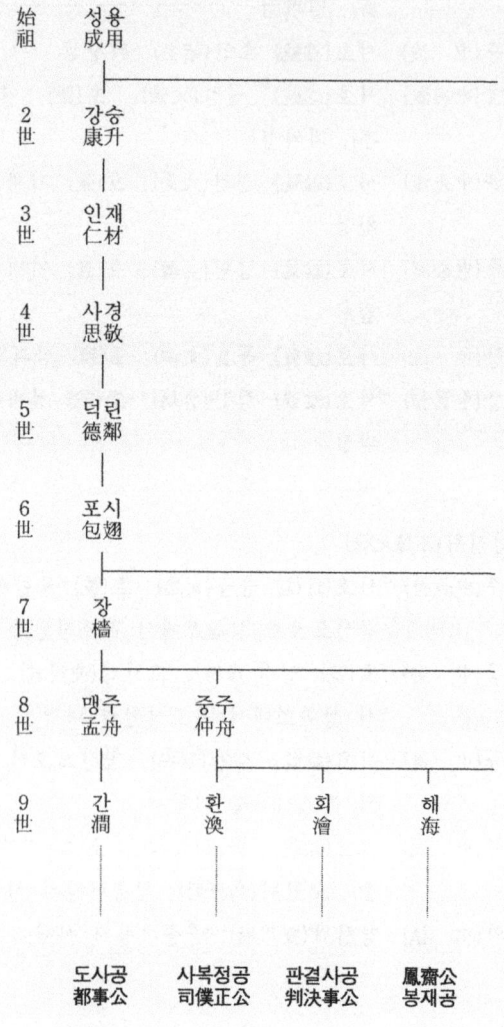

始祖	성용 成用	
2世	강승 康升	
3世	인재 仁材	
4世	사경 思敬	
5世	덕린 德鄰	
6世	포시 包翅	
7世	장 檣	
8世	맹주 孟舟	중주 仲舟
9世	간 澗	환 渙 / 회 澮 / 해 海

도사공 都事公 / 사복정공 司僕正公 / 판결사공 判決事公 / 鳳齋公 봉재공

고령신씨(高靈申氏)

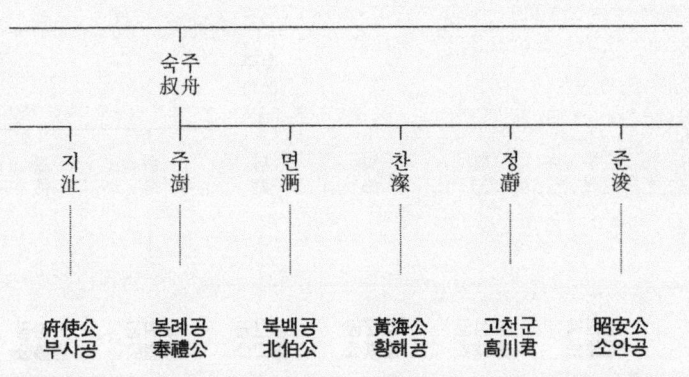

고령신씨(高靈申氏)

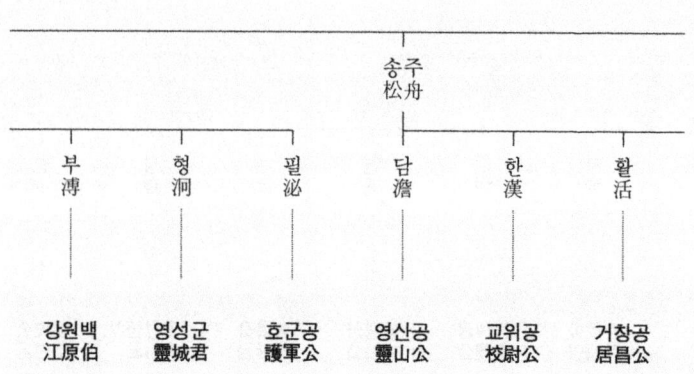

고령신씨(高靈申氏)

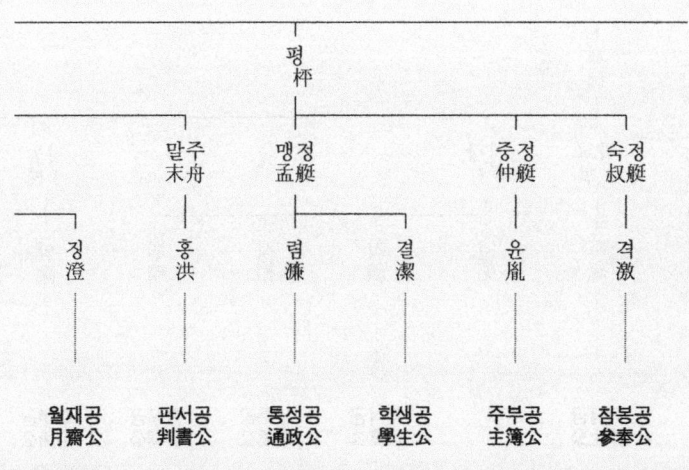

고령신씨(高靈申氏)

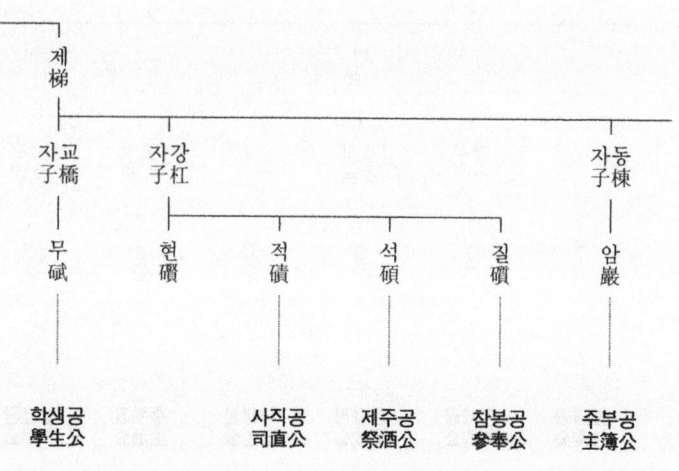

고령신씨(高靈申氏)

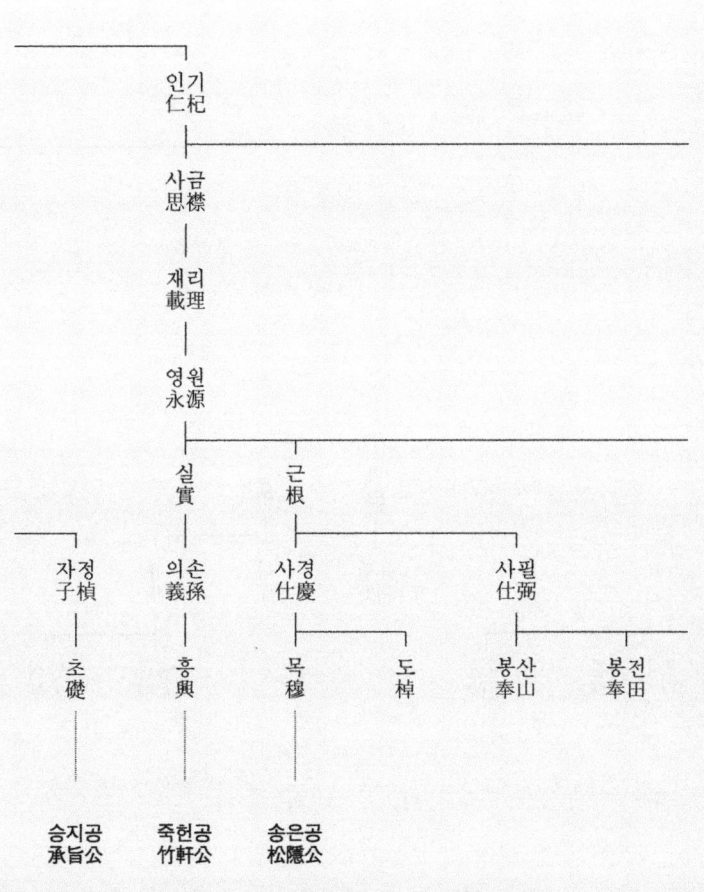

고령신씨(高靈申氏)

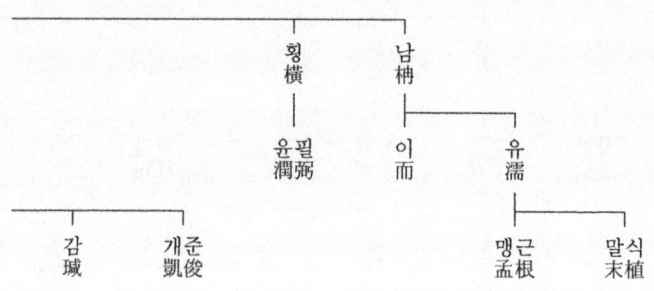

고령신씨(高靈申氏)

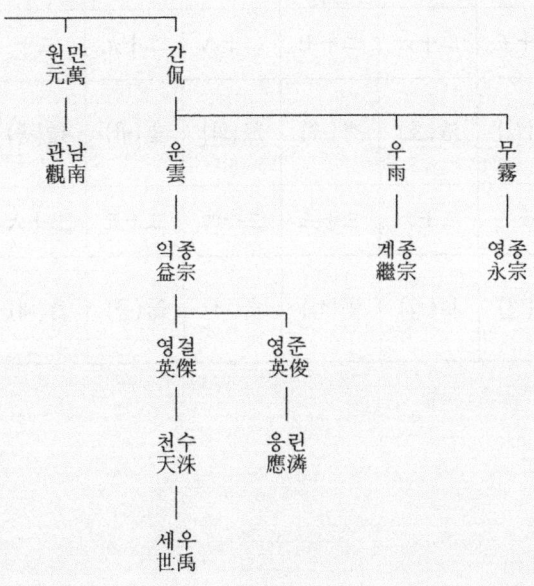

고령신씨(高靈申氏)

고령신씨 항렬표(高靈申氏 行列表)

世	十九	二十	二十一	二十二	二十三	二十四
行列	權(권)	祿(록)	模(모)	求(구)	休(휴)	雨(우)
世	二十五	二十六	二十七	二十八	二十九	三十
行列	植(식)	浩(호)	秀(수)	熙(희)	圭(규)	鍾(종)
世	三十一	三十二	三十三	三十四	三十五	三十六
行列	永(영)	相(상)	燮(섭)	在(재)	鎔(용)	泰(태)

역대 주요 인물(歷代主要人物)

고려시대(高麗時代)

신성용(申成用)

고령신씨의 시조. 고려조에 문과(文科)에 급제하여 벼슬이 검교군기감(檢校軍器監)에 이르렀다.

고려의 향리(鄕吏)출신이니 신라시대나 고려시대의 향리는 조선조의 아전(衙前)과는 달라 지방의 호족(豪族)으로 상층 계급이다. 시조의 선대(先代)는 신라의 공족(公族)으로 누대(累代) 고령(高靈)에 살면서 호장(戶長)을 지내왔으므로 본관을 고령(高靈)으로 세계(世系)를 계승해 오고 있다.

묘(墓)는 고령현 서북35리(高靈縣 西北35里), 지금 경상북도 고령군 쌍림면 산주동 만대산 유좌원(慶尙北道高靈郡雙林面山州洞萬代山酉坐原)이며, 표석(表石)에 고령신씨시조지묘(高靈申氏始祖之墓)라 되어 있다.

배(配)는 씨계(氏系)를 실전(失傳)하였으며, 아들은 정순대부(正順大夫) 좌우위상호군(左右衛上護軍) 강승(康升)이다.

고령신씨(高靈申氏)

신강승(申康升)

고령신씨 2세. 문과(文科)로 정순대부 좌우위상호군(政順大夫左右衛上護軍)에 이르렀다. 고려사 백관지(高麗史百官志)에 의하면, 정순대부(正順大夫)는 정3품(正三品)이다.

묘(墓)는 공으로부터 이하(以下) 삼세(三世) 모두 그 소재(所在)를 실전하니, 속칭고령현 죽전(高靈縣竹田)은 신씨의 세장지(世葬地)라 하고, 또한 현치 감초전(縣治甘草田)은 신씨의 세거지(世居地)라 하였다. 보한재행장(保閑齋行狀)에 공으로부터 양세 관직(兩世官職)을 모두 가증(加贈)하였다 하나 구보(舊譜)에는 그 기록이 없다. 배(配)는 씨계(氏系)를 실전하였고, 두 아들을 두었으니 인재(仁材)와 인기(仁杞)이다.

신인재(申仁材)

고령신씨 3세조. 문과(文科)로 광정대부 첨의평리상호군(匡靖大夫僉議評理上護軍)에 이르렀다. 고려사 백관지(高麗史百官志)에 의하면, 광정대부(匡靖大夫)는 정2품(正二品)인데, 첨의평리(僉議評理)를 참지정사(參知政事)로 고쳐 종2품(從二品)이 되었다.

묘(墓)는 봉재해파(鳳齋海派)의 후손보(後孫譜)에 이르되, 강화 회천(江華會川)에 있다고 하나, 실전(失傳)하여 분명하지 않다. 배(配)의 씨계(氏系) 또한 실전하였다.

고령신씨(高靈申氏)

신인기(申仁杞)

고령신씨 3세조. 좌우위상호군 강승(康升)의 아들로 고려조에 문과에 급제하여 벼슬이 시중(侍中)에 이르렀다.

묘는 공으로부터 이하 7세가 모두 실전되어 소재가 전하지 않는다. 세칭 첨의평리상호군 휘 인재의 아우라 하여 제2회 계유진주보(癸酉晋州譜)에 비로소 등재(登載)하였는데, 제3, 4, 5회보에 계보에 오류가 있어 각 방면으로 참고하였으나 실제가 무의(無疑)하여 제6회보에 정정 등재하였다. 배(配)는 씨계(氏系)를 실전하였고, 3남이 있으니 사금(思襟), 원만(元萬), 간(侃)이다.

신사경(申思敬)

고령신씨 4세조. 문과(文科)로 태정문시위호군(泰定門侍衛護軍)에 이르렀다.

암헌내력정안(巖軒來歷政案)에 이르되, 중현대부 감문위대호군(中顯大夫監門衛大護軍)으로 치사(致仕)했다고 하였다. 고려사 백관지(高麗史百官志)에 의하면, 중현대부(中顯大夫)는 종3품(從三品)이다. 묘는 봉재해파(鳳齋海派) 후손보(後孫譜)에 이르되, 창원 적덕산하 자좌(昌原積德山下子坐)에 있고 수단갈(竪短碣)이라 하였다.

신사금(申思襟)

고령신씨 4세조. 일휘는 삼금(三襟) 또는 삼경(三卿)이다.

고려 공양왕(恭讓王) 때 문과에 급제하여 상호군(上護軍)을 지냈으며, 필법(筆法)이 매우 절묘하여 당세에 그 이름을 떨쳤다.

조선에 들어와서 태조가 공을 대사성(大司成)에 제수하였으나 나아가지 아니하고 고흥(高興)에 내려와 입향하니, 이로부터 후손이 고흥에 살게 되었다.

배위의 씨계(氏系)는 실전되었으며, 아들 하나가 있으니 재리(載理)이다.

신 간(申 侃)

4세조. 시중공(侍中公) 인기(仁杞)의 아들이며, 벼슬은 참판(參判)을 지냈다.

배위는 씨계(氏系)를 실전했으며, 세 아들을 두었으니 운(雲), 우(雨), 무(霧)이다.

신덕린(申德隣)

5세조. 자는 불고(不孤), 호는 순은(醇隱)으로 두문동 72현(杜門洞七十二賢)의 한 사람이다. 대호군(大護軍) 사경(思敬)의 아들이요, 첨의평리(僉議評理) 인재(仁材)의 손자이다.

공은 문과에 등제하여 벼슬이 간의봉익대부 예의판서(諫議奉翊大夫禮儀判書) 겸 보문각제학(寶文閣提學)에 올랐다. 율정 윤택(栗亭尹澤)의 문하에서 학문을 닦았으니, 절행(節行)과 문장이 당대에 뛰어나 세인이 포은(圃隱 : 鄭夢周), 목은(牧隱 : 李穡), 야은(冶隱 : 吉再), 도은(陶隱 : 李崇仁), 교은(郊隱 : 鄭以吾)과 더불어 6은(六隱)이라 일컬었다.

1350년(충정왕 2)에 공민왕(恭愍王)이 즉위하고 충정왕(忠定王)이 강화도로 물러날 때 공은 전교령(典校令)으로서, 전교승(典校承) 안길상(安吉祥)과 함께 왕을 수행하여 충절로써 신하의 도리를 다하였다.

1373년(공민왕 14)에 왕이 중 신돈(辛旽)을 사부(師傅)로 삼고 국정을 맡기매, 다음해에 좌사간 정추(左司諫 鄭樞)와 우정언 이존오(右正言 李存吾)가 신돈의 전권(專權)을 탄핵하자 공민왕이 노하여 정추는 동래 현령(東萊縣令)으로, 이존오는 장섭 감무(長涉 監務)로 내쫓고, 1376년(공민왕 17)에는 이에 연루된 좌사의(左司議)인 공과 헌납(獻納) 박진손(朴晋孫) 등도 함께 관직을 그만두게 하였으니, 공은 이때 광주 서석산(光州瑞石山)으로 은퇴하였다. 그후 신돈이 처형되자 왕의 부름을 받아 다시 벼슬길에 올랐다.

1392년(공양왕 4)에 고려의 사직이 다하자 공은 부조현(不朝峴)에서 충신열사(忠臣烈士)들과 불이지절(不貳之節)의 뜻을 같이하여 사돈인 수은(樹隱) 김충한(金沖漢) 판서와 더불어 두류산(頭流山)

고령신씨(高靈申氏)

아래 숨어 끝내 선비의 충절을 지켰다.

당시 동지들과 함께 송도 동남쪽 고개에 올라가 각기 망복(罔僕)의 뜻을 말하는데, 먼저 수은(樹隱) 김충한(金冲漢)이 "백이(伯夷)를 쫓아 서산(西山)에서 고사리를 먹고자 한다"고 말하니 선생이 이르기를 "나도 그대와 함께 그 높은 뜻을 따르겠소" 하고, 아들 포시(包翅)와 함께 두류산(頭流山) 아래 있다가 드디어 호촌으로 숨어 들어가 조선에서 주는 녹미(祿米)를 거절하고 불사이군의 충절을 지켰다.

또한 고려를 사모하는 강개한 충성으로 고려의 종사(宗社)를 잇게 하고자 원운곡(元耘谷) 및 80여 인의 동지들과 더불어 원주 치악산 정상에 제단(祭壇)을 만들어 단군·기자·고려태조 등 열성(列聖)과 공민왕·여흥왕·윤왕·간성왕 등 변혁(變革)을 당한 왕들을 비롯하여 고려조에 충성하다가 살신성인한 충신들에게 매년 춘추로 제사를 드렸다. 이 단사(壇祀)를 변혁사(變革祀)라고 하였다.

공은 특히 문정공(文靖公) 이색(李穡)과 남달리 친분이 두터웠는데, 고려가 망한 후 말년 동지가 모두 타계(他界)하고 오직 두 사람만이 세상에 남자 목은(牧隱)이 서로 연연한 마음을 노래하여 〈억신판서(憶申判書: 신판서를 생각한다)〉란 시를 남기기도 하였다.

초서(草書)와 예서(隸書)에 능하여 그 필적(筆跡)이 《해동명적(海東名跡)》에 실려있고, 현손(玄孫)인 소안공 준(昭安公 浚)의 묘비(墓碑)에 "휘 덕린께서는 팔법(八法)을 잘 쓰시니 명망이 당세에 높아 사람마다 필적을 얻으면 보물과 같이 깊이 간수하였으며, 신모(申某)의 삼매필(三昧筆)이다." 라고 하였다.

후에 정헌대부 이조판서(正憲大夫吏曹判書)로 증직되었고, 고령(高靈) 영연서원(靈淵書院), 개성(開城) 두문동서원(杜門洞書院), 청원 묵정서원(墨井書院), 경현사(景賢祠), 그리고 고흥 충의사(忠義祠)에 배향되었다. 묘는 옥과현 남 10리 개사동 축좌(玉果縣南十里介寺洞丑坐), 지금의 곡성군 오산면 가곡리에 있고, 배는 광주정씨(光州鄭氏)로 봉은사진전직신(奉恩寺眞殿直臣) 호(扈)의 딸이다. 1남1녀를 두었으니 남은 포시(包翅)이고 여는 이광경(李光景)에게 출가하였다.

고령신씨(高靈申氏)

조선시대(朝鮮時代)

신포시(申包翅)

6세조. 호는 호촌(壺村)이며, 순은공(醇隱公) 덕린(德隣)과 정경부인 광주정씨(光州鄭氏) 사이의 장남이다.

공은 1361년(공민왕 10)생으로 1382년(우왕 8)에 성균관생원(成均館生員)을 하고 다음해에 병과(丙科)에 등제하니, 후의 태종(太宗)과 동방(同榜)이다.

공은 고려말에 척약재(惕若齋) 김구용(金九容)과 더불어 성리학을 제창하고, 유교의 정통학문인 경학(經學)을 갈고 닦아 깊이 연구하여 알기 쉽게 주해(註解)하니 당대의 사람들이 숭앙하였다. 1392년 32세에 고려가 망하자 공은 엄친 순은공과 빙장(聘丈) 김수은(金樹隱)을 모시고 송도 부조현(不朝峴)에서 두류산하(頭流山下)로 들어가 자정(自靖)하며 낮에는 하늘을 보지 않고 밤에는 옷을 벗지 아니하였다. 이는 망국죄인을 자처함이니 공의 정절의 지극함이 이와 같았다. 후에 호촌(壺村 : 全北 南原郡 松洞面 杜新里)으로 이거(移居)하였는데 이는 장인의 은거지를 쫓은 것이다.

수은공(樹隱公)은 일찍이 사위인 공의 효우와 충정을 찬양하였으니 그 기록이 〈수은실기(樹隱實記)〉에 전한다.

1428년(세종 10) 68세에 우사간(右司諫), 1430년에 좌사간(左司

諫)을 지냈으며 공조참의(工曹參議)로 벼슬을 마치고 후에 좌찬성(左贊成)으로 증직되었다.

공이 말년에 우사간, 좌사간, 공조참의 등의 벼슬을 지낸 것은 장남인 암헌공(巖軒公) 장(檣)이 명신(名臣)으로서 세종의 총애를 받아 오던 중 노친(老親)을 가까이서 봉양하지 못함을 늘 한스럽게 여기며 벼슬을 버리고 귀양(歸養)할 뜻을 품고 있는 것을 세종이 보고 이를 만류하기 위해 영친(榮親)의 은(恩)을 베푼 것이었다. 공이 처음에는 이를 사양하고 불응하였으나 누차에 걸친 왕의 부름과 천륜(天倫)의 정으로 끝내 거절하지 못하고 벼슬에 오른 것으로 생각된다. 실제로 공의 아들 암헌공(巖軒公)이 1431년에 소장을 올려 이르기를, "전하는 신의 선고(先考)를 불쌍히 여기소서. 아버지 전 내자윤(內資尹) 포시(包翅)께 통정대부 판전농(通政大夫 判典農)을 특별히 제수하고 곧이어 봉상(奉常)을 삼으시고, 또 사간(司諫)에 옮겼다가 공조참의를 삼으시니 그 은혜가 지극히 크오나 달게 산속에 은거하여 세상을 마침이 실로 신(臣)의 부친의 뜻입니다." 고 하였다.

공은 뛰어난 명필로 그 필적이 〈해동필첩(海東筆帖)〉에 실려있으며, 남원 두곡서원(南原杜谷書院)과 개성(開城) 두문동서원(杜門洞書院), 경현사(景賢祠)에 배향되었다. 묘는 옥과현 개사동(玉果縣介寺洞)이니 순은공(醇隱公) 묘의 국내(局內) 계좌(癸坐)요, 배는 경주김씨(慶州金氏)로 판서(判書) 충한(冲漢)의 딸이다. 3남4녀를

고령신씨(高靈申氏)

두었으니 아들은 장(檣), 평(枰), 제(梯)요, 딸은 참판 박이창(朴以昌), 윤취상(尹就商), 설후(薛繡), 이종상(李從商)에게 출가하였다.

신영원(申永源)

6세조. 상호군(上護軍) 사금(思襟)의 손자이며, 재리(載理)의 아들로 관직은 사직(司直)을 지냈다.

신 장(申 檣)

7세조. 자는 제부(濟夫), 호는 암헌(巖軒)이며, 호촌공(壺村公) 포시(包翅)의 3형제중 장남으로 1382년(우왕 8) 음2월 23일에 남원의 호촌에서 탄생하였다.

1402년(태종 2) 21세 때 성균관 생원(成均館生員), 1406년(태종 6) 25세 때 주서(注書), 1410년(태종 10) 29세 때 전랑(銓郎: 吏曹正郎)을 하다가 30세되던 1411년에 벼슬을 그만두고 전남 나주 금안동(金鞍洞)으로 은퇴하여 괴수(槐樹) 아래에 설단(設壇)하고 경학(經學)을 강의하고 예(禮)를 가르치니, 향인(鄕人)들이 존경하고 수사(洙泗)와 염락(濂洛)의 풍이 있다 하였다.

1420년(세종 2) 집현전을 신설할 때 39세의 나이로 직제학 겸 보덕(直提學兼輔德)으로 뽑히고, 1423년(세종 5) 42세 때 춘추관 기사관(春秋館 記事官)으로 특명되어 시정(時政)을 기록하였다.

고령신씨(高靈申氏)

1426년(세종 8)에 좌군동지총제(左軍同知摠制)로 동지춘추관사(同知春秋館事)를 겸하여 정종실록(定宗實錄)을 짓고, 다음해인 1427년(세종 9)에는 제학 겸 좌부빈객(提學兼左副賓客), 1428년(세종 10)에 중군동지총제(中軍同知摠制)를 지냈다. 이어 동13년에 공조참판(工曹參判)으로 태종실록(太宗實錄)을 찬(撰)하였다. 동 14년에는 왕이 특별히 암헌공에게 〈남산지곡(南山之曲)〉을 짓게 하였으며, 또한 〈문무악장(文武樂章)〉을 지어 태조와 태종의 공덕을 노래로 읊게 하였고, 《지리지(地理志)》 8권(八券)을 제진(製進)하였으니 이는 우리 나라 최초의 주군연혁지(州郡沿革誌)이다.

1433년(세종 15) 2월 8일, 52세를 일기로 세상을 마치니, 공은 문장 도학(文章道學)으로 명성이 높아 남원, 광주, 나주의 많은 유생(儒生)들의 상계발문(相継發文)으로 나주 설재서원(羅州雪齋書院)에 사도(司徒) 정가신(鄭可臣)과 함께 배향되었다.

암헌공께서는 윤회(尹淮)와 함께 《팔도지리지(八道地理誌)》를 편찬하였으며, 뛰어난 명필로 《해동명적》에 기록되었는가 하면 중군총제(中軍摠制) 시에는 세종의 명을 받아 숭례문(崇禮門) 현판을 썼다. 또한 세종은 설암 이부광(雪菴李溥光) 서(書)의 '兵衛森' 세 글자가 없어진 곳을 공에게 메우도록 하였고, 변계량(卞季良)이 지은 평양 기자묘비(箕子墓碑)도 암헌공으로 하여금 쓰게 하였다.

공이 태종실록을 찬할 때 세종이 실록을 보고자 하니 공은 맹사성

(孟思誠), 윤회(尹淮)와 함께 왕에게 간하기를 "전하께서 만일 실록을 보신다면 반드시 고치고자 하실 것이니, 그렇게 되면 훗날 사신(史臣)들이 감히 왕의 일을 다 기록하지 못할 것인즉 어떻게 후세에 진실을 전하겠습니까?" 하여 보지 않았다고 한다.

공의 애주(愛酒)는 유명하였으니 13세 때의 일로 감사(監司)가 부중(府中)에서 여러 유생들에게 시험을 보였는데 공이 일등을 하자, 공의 나이가 적어 차술(借述)인가 의심하고 직접 면전에서 다시 운자(韻字)를 부르자 공이 즉시 달필(達筆)로 답하니 감사와 일부(一府 : 府에 근무하는 관리와 선비를 뜻함)가 탄복하였으며, 연회시(宴會時)에 주량에 따라 술잔을 들라 하니 공이 큰사발[大鉢]을 들어 한번에 모두 마시는지라 감사가 "한잔 더 마실 수 있겠는가?" 하고 묻자, "어찌 사양하겠습니까?" 하고 다시 한 사발을 마셨지만 주기(酒氣)가 없자 더욱 기특하게 여겼다.

세종은 조회 때마다 공의 안색이 붉으매, 하루는 공의 건강을 염려하여 작은 금배(金杯)을 내리고 그 잔으로 한 잔 씩만 마시도록 명하였다. 처음 며칠은 주기가 없어 세종께서 매우 즐거워하였으나 얼마간 지나자 다시 얼굴이 붉으므로 세종이 "경은 어찌하여 과인의 명을 어기고 술을 더 했는가?" 하고 물으니 "어명을 어긴 것이 아니오라 잔이 너무 작아서 감당할 수 없사와 내리신 잔을 치웠을 뿐입니다." 라고 답하여 세종께서도 공의 술을 막을 수 없었다는 일화가 있다.

공은 당신의 휘(諱) 자가 장(檣) 자이므로 돛대를 실은 것은 배[舟]라 하고, 5형제의 이름에 '舟' 자를 넣어서 작명하였고, 배를 실은 것은 물[水]이니 다음 대(代)의 항렬(行列)은 '水' 변으로 짓고, '木生於水'라 '水' 변 다음은 '木' 변으로 항렬을 짓도록 유명(遺命)하여 그대로 행해 왔다. 그러나 자손이 번창함에 따라 '水木' 변의 항렬만 가지고는 이름을 짓는데 중복이 많고 짓기도 곤란하여 1898년 《유동보(鍮洞譜)》 때에 항렬을 5행상생법(五行相生法)에 따라 금수목화토(金水木火土) 순으로 하여 28세(世) 희(熙)부터 37세 근(根)까지 제정하였다.

공의 배위(配位)는 나주정씨(羅州鄭氏)로 설재 정가신(雪齋 鄭可臣)의 현손녀(玄孫女)이다. 슬하에 5남 2녀를 두었으니 장자(長子)는 서윤(庶尹) 맹주(孟舟)요, 2자는 순창군사(淳昌郡事) 중주(中舟)요, 3자는 영의정(領議政) 숙주(叔舟)요, 4자는 안동부사(安東府使) 송주(松舟)이며, 5자는 귀래정(歸來亭) 말주(末舟)이다.

신 평(申 枰)

자는 형부(衡夫)이며, 호는 정은(靜隱)이다. 호촌공(壺村公) 포시(包翅)의 둘째 아들이다.

1434년(세종 16)에 알성문과(謁聖文科) 을과에 급제하였으며, 사간원(司諫院) 정언(正言)을 지냈다. 1455년(단종 3)에 단종(端宗)이 폐위되고 세조가 왕위에 오르자 벼슬을 버리고 상주(尙州)에 은거하였다.

후에 성향(姓鄕)으로 돌아와 영연(靈淵) 아래에 집을 짓고 '모가(慕柯)'라고 하였는데, 선대를 추모(追慕)하는 감회를 잊지 않으려는 뜻이라 하였다.

신 제(申 梯)

자는 이섭(利涉), 호는 회헌(晦軒)이며, 호촌공(壺村公) 포시(包翅)의 셋째 아들로 1393년(태조 2)에 출생하였다. 공은 나면서부터 천품이 순후하였고, 조습정훈(早襲庭訓)으로 학덕이 높았다. 후에 음사로 사헌부 감찰(司憲府監察)을 지냈다.

1443년(세종 25)에 향년 51세로 졸하니, 묘는 남원 황죽촌 후대동, 지금의 남원시 고죽동에 있다. 배는 숙인 영광유씨(靈光柳氏)로 도승지(都承旨) 두명(斗明)의 딸이고, 계배(繼配)는 해주최씨(海州崔氏) 발(跋)의 딸이다. 4남2녀를 두었으니, 남에 사간(司諫) 자교(子橋), 부사(府使) 자강(子杠), 사정(司正) 자동(子棟), 자정(子貞)이요, 여는 사정(司正) 정숙(鄭淑), 감찰(監察) 방두문(房科文)에게 출가하였다.

신영걸(申英傑)

익종(益宗)의 아들이며, 벼슬은 흥양 현감(興陽縣監)을 지냈다. 후에 이조참판(吏曹參判)에 추증되었다.

신맹주(申孟舟)

암헌공(巖軒公)의 장자로 1410년(태종 10)에 태어났으며, 관직은 서윤(庶尹)을 지냈다. 묘는 무림면 장락동(茂林面將略洞), 지금의 순창군 귀림면 월정리에 있다. 배는 동래정씨(東萊鄭氏)로 현감 황(貺)의 딸이요, 계배(繼配)는 옥천조씨(玉川趙氏)로 직학(直學) 여(旅)의 딸이다. 1남3녀를 두었으니 남은 도사(都事) 간(澗), 여는 좌랑 이양검(李良儉), 봉사 홍영(洪瑛), 봉사 박현동(朴玄童)에게 출가하였다.

신중주(申仲舟)

암헌공(巖軒公)의 둘째 아들로 태어났으며, 관직은 순창군수(淳昌郡守)를 지냈다.

사행록(事行錄)에 이르기를, 공이 지순창군사(知淳昌郡事)에 재직할 때 단종이 손위하자 관직에 나아가기를 포기하고 순창에 퇴거하였으며, 후에 광주 서석산 중에 들어가 생을 마쳤다. 봉직랑(奉

고령신씨(高靈申氏)

直郞) 사헌부 장령에 추증되었다.

묘는 광주 용정리 엄장산(光州瓮井里嚴長山) 순은공(醇隱公) 부인 묘 국내(局內)이다. 배는 연일정씨(延日鄭氏)로 병조판서 정숙공(貞肅公) 연(淵)의 딸이며, 4남2녀를 두었으니 남은 사복정(司僕正) 환(渙), 판결사(判決事) 회(澮), 봉재(鳳齋) 해(海), 부사(府使) 지(沚)이며, 여는 조흠(趙欽), 최미(崔楣)에게 출가하였다.

신숙주(申叔舟)

자는 범옹(泛翁)이며, 호는 보한재(保閑齋), 희현당(希賢堂)이다. 암헌공(巖軒公) 장(檣)의 3자로 1417년(태종 17)에 출생하여 22세에 진사(進士), 생원(生員), 이듬해에 문과에 급제하여 벼슬에 나아갔다. 세종에서 성종조까지 6조를 섬기면서 조선의 국가 기틀을 다지는데 큰 공을 세웠다. 특히 뛰어난 학식과 문재(文才)로 훈민정음 창제에 지대한 공헌을 하였으며, 1443년(세종 25) 통신사의 서장관으로 일본에 가서 그 문명(文名) 이름을 떨쳤으며, 귀국 도중 대마도에 들려 계해조약을 체결하는 등 외교에도 능하였다.

《동국정운(東國正韻)》·《사성통고(四聲通攷)》 등 운서 편찬에 주도적으로 활약했다. 이후에도 국가의 기본질서를 적은 《국조오례의》를 교정·간행한 것을 비롯하여, 《세조실록》·《예종실록》·《동국통감》·《국조보감》·《영모록(永慕錄)》의 편찬에도 참여했다. 또한

고령신씨(高靈申氏)

서장관으로 일본에 갔던 경험을 바탕으로 《해동제국기(海東諸國記)》를 지어 일본과의 교류에 도움을 주고, 오랫동안 예조판서로 있으면서 명과의 외교관계를 맡는 등 외교정책의 입안책임자로서도 활약했다.

글씨에도 뛰어났으며, 특히 송설체를 잘 썼다고 한다. 저서로는 문집인 《보한재집》과 《북정록(北征錄)》·《사성통고》 등이 있고, 글씨로 〈몽유도원도(夢遊桃源圖)〉의 찬문과 〈화명사예겸시고(和明使倪謙詩稿)〉 등이 전한다.

1475년(성종 6)에 졸하였으며, 시호 문충(文忠)이고, 성종 묘정(廟廷)에 배향되었다.

배위는 무송윤씨(茂松尹氏)로 사재부정(司宰副正) 경연(景淵)의 딸이다. 9남2녀를 두었다.

유시(遺詩)
○ 아적 하 진중에서 (阿赤河陣中)
찬 기운 갑옷속에 스며드는데 (虜中霜落鐵衣寒)
말을 달려 적진 사이를 횡행하였오. (突騎橫行百里間)
밤새도록 싸움은 끝이 안나고 (夜戰未休天欲曉)
하늘에는 별들만 깜박이누나. (臥看星斗正闌干)

○ 비해당(匪懈堂)에 쓴 시 (일부 拔萃)

고령신씨(高靈申氏)

매창(梅窓)의 흰 달
서창(書窓)에 매화와 달 둘 다 고고해 (書窓梅月兩高孤)
찬 빛 찬 향기 있는 듯 없는 듯 (冷影寒香乍有無)
새벽녘 밤 하늘에 삼성(參星)이 쓸쓸한데 (惆悵參橫天欲曙)
하룻 밤 서호(西湖)의 꿈이 분명하구나. (分明一夜夢西湖)

해남(海南)의 대나무
지난 해 남해에서 아름다운 상서(祥瑞) 올릴 때 (昔年南海獻嘉祥)
잠홀(簪笏) 갖추고 하례하기 바빴었지. (簪笏催班拜舞忙)
성주(聖主)께서 돌보시는 은혜가 두터워 (聖主一朝恩眷重)
이미 화원(花園) 을에 심겨져 빛이 싱싱하네. (已歸花檻耀神光)

봄 지난 뒤의 모란
복사꽃 오얏꽃 봄바람에 흩날린 다음 (春風桃李逐飛塵)
늘어진 화사한 가지 이슬 머금어 새롭네. (濃豔依依帶露新)
뭇 꽃들과 이르고 늦음 다투지 않더니 (不與衆芳爭早晚)
끝내 남은 봄의 부귀 독차지하누나. (終然富貴保餘春)

반 쯤 핀 동백
반쯤 핀 동백 외로운 꽃다움 지키는데 (山茶半吐守孤芳)
세모(歲暮)라 봄 경치 아직은 이르다네. (歲暮春光所未嘗)

이야말로 자연적인 천성이 늦은 탓이지 (正是自然天性晚)

자질이 고고하여 서릿바람 무시하려는 건 아니라네. (非矜淑質傲風霜)

창밖의 파초

끼었던 구름 개기 시작하니 낮 바람이 맑고 (宿雲初卷午風淸)

창 밖의 파초엔 빗소리가 가볍네. (窓外芭蕉雨勢輕)

공자는 더위 물러간 것만 기뻐하니 (公子祗憐能却暑)

어찌 수성(愁聲)의 묘미를 알 수가 있으랴. (寧知更解作愁聲)

햇빛에 반사되는 단풍

하룻 밤 서풍에 가을 소리가 일더니 (西風日夕起秋聲)

담 가의 한 그루 나무에 단풍이 짙어 (墻下丹楓一樹明)

온갖 만물 어지러이 비와 이슬 바라건만 (萬彙紛然須雨露)

가련쿠나, 너만은 홀로 서리 맞아 영화롭구나. (憐渠獨自待霜榮)

서리 맞고 핀 국화

울 밑에 차가운 꽃봉오리 뛰어난 경치인데 (籬下寒葩擅物華)

깊어가는 가을 서리와 이슬 엇갈려 내리네. (秋深霜露正交加)

서풍이 분다고 어찌 초췌해하랴 (西風吹盡寧憔悴)

꽃처럼 땅에 떨어지지 않는 것을. (不作尋常落地花)

고령신씨(高靈申氏)

사계화(四季花)

붉은 꽃 사계절 계속 만발하니 (丹蕚盈盈貫四時)

깨끗한 기품 귀인의 알아줌 받을 만하네. (淸標端合貴人知)

눈 서리에도 지거나 꺾이지 않거니 (不隨霜雪爲摧謝)

봄 바람에 의지해 성쇠 다투려 하겠는가. (肯向春風倚盛衰)

삼색도(三色桃)

가지 하나에 세 가지 빛깔 아름다움 드러냈는데 (一枝三樣逞嬋娟)

흰 빛 붉은 빛 자주빛이라 (白白紅紅帶紫烟)

봄빛의 신천(深淺)도 이러하거든 (春色淺深旣如此)

인심의 냉난(冷暖)이야 으레 그런 것. (人心冷暖固宜然)

분지(盆池)의 연꽃

한가닥 맑은 향기 그대로 만고풍이라 (一段淸香萬古風)

세상에 연꽃 사랑하는 늙은이 누구인가 (世人誰是愛蓮翁)

짙은 서리에 푸른 잎새 다 시들었어도 (霜深翠被彫零盡)

꽃다운 넋만은 남아 붉음을 사수하네. (只有芳心死守紅)

목멱산(木覓山: 서울 南山의 별칭)의 청운(晴雲)

문 앞의 남산(南山) 엄연한 푸른 얼굴 (南山當戶儼蒼顔)

불룩한 산 개이는 구름 한눈에 들어 (山腹晴雲一望間)

고령신씨(高靈申氏)

순식간에 모였다 흩어졌다 변화 무궁해 (聚散須臾饒變化)

편안한 이곳 끝내 인간 세상 같지 않구나. (棲棲終不似人間)

신송주(申松舟)

암헌공(巖軒公)의 넷째 아들로 1429년(세종 11) 태어났다. 1457년(세조 3) 문과에 병과로 급제하여 사헌부 장령, 1463년(세조 9)에 안동부사(安東府使)를 지냈다.

1464년(세조 10)에 향년 45세에 병으로 졸하였다. 묘는 상주 남촌 청동면 지금의 상주시 청리면 삼괴리 대지동 석단산에 있다. 배는 남원양씨(南原梁氏)로 참판(參判) 자원(自源)의 딸이다. 4남3녀를 두었으니, 남에 영산공(靈山公) 담(澹), 교위공(校尉公) 한(漢), 거창공(居昌公) 활(活), 월재공(月齋公) 징(澄), 여는 홍윤덕(洪潤德), 조(趙恢), 김종(金淙)에게 출가하였다.

신말주(申末舟)

자는 자즙(子楫), 호는 귀래정(歸來亭)이다. 1429년(세종 12) 5월에 암헌공(巖軒公)의 다섯째 아들로 서울에서 탄생하였다.

5세 때 부모님을 여의고 셋째 형인 보한재(保閑齋) 숙주(叔舟)에게서 자랐다. 1451년(문종 2)에 사마시에 합격하고, 1454년(단종 2) 12월에 26세로 증광시 문과(增廣試 文科)에 급제하였다. 그후 헌납(獻納)과 지제교(知製敎)를 지내고, 1455년(단종 3) 단종이 폐위되자 불사이군(不事二君)의 뜻으로 관직을 버리고 전북 순창 남산대(南山臺)로 하향하여 이듬해인 1456년에 귀래정(歸來亭)을 짓고 은거하였다.

공이 순창의 남산대(南山臺)로 낙향한 것은 공의 나이 27세 때였다. 남산대는 공의 장인인 순창 설씨(淳昌薛氏) 백민공(伯民公)이 살고 있던 곳으로 백민공의 9대조 자승공(子升公)이 개성에서 순창으로 들어왔다고 한다. 이후 남산대에서는 공이 살고, 이웃 가잠(佳岑)에는 백민공의 매제(妹弟)이고 공의 처고모부인 만은(晚隱) 권효(權曉)가 살았는데, 이 두 곳에 대한 재미있는 풍수(風水) 이야기가 있었다고 한다. 곧 가잠의 터는 식복(食福)이 있어 자손대에 부(富)하겠으나 귀(貴) 즉 벼슬이 적을 것이요, 남산대는 부는 적어도 귀가 있어 자손중에 과환(科宦)이 많을 것이라는 이야기였다. 이는 비록 속설에 불과하지만 남산대에서는 중종조의 명신(名臣)으로 창원도호부사(昌原都護府使), 이조판서(吏曹判書), 우참찬(右參贊) 등 요직을 지낸 청백리 이계공(伊溪公) 공제(公濟)와 조선 후기의 실학자이며 어학자인 대석학 여암공(旅菴公) 경준(景濬)이 탄생하였다. 그래서 옛날부터 순창에서 터가 좋은 마을을 가리킬 때에는 으레 제일남산(第一南山)이라 하고, 남산대를 첫손에 꼽았다. 한편 권씨의 마을인 가잠에서는 과환은 별로 없었지만 호남에서는 손꼽히는 부촌(富村)으로 알려져 왔다.

고령신씨(高靈申氏)

　세조의 등극을 계기로 순창에 낙향한 공은 몇 년간 유유자적 자연을 즐기고 서책을 가까이 하면서 시서(詩書)로 세월을 보내었는데, 세조가 여러 번 등용코자 하였으나 공은 벼슬에 뜻이 없어 번번히 응하지 않다가 왕과 형인 문충공의 계속되는 권유를 거절하지 못하고 다시 출사하니, 1459년(세조 5) 6월에 사간원 우헌납(司諫院右獻納)을 임명받고, 1461년(세조 7) 3월에는 예조정랑(禮曹正郞), 1464년(세조 10) 5월에는 사헌부 집의(司憲府執義), 1466년(세조 12) 1월에 사간원 대사간(司諫院 大司諫), 같은해 8월에는 형조참의(刑曹參議)로 임명되었다. 그러나 이 관직들을 수락하고 관직에 임했는지, 또 얼마나 그 직에 머물러 있었는지는 확실하지 않다. 당시에는 왕명이 내려도 처음부터 사양하거나, 일단 사은숙배(謝恩肅拜)만 올리고 바로 사의(辭意)를 표하거나, 부임을 하되 소정의 임기를 마치지 않고 중도에 사퇴하고 귀향하는 예가 많았기 때문이다. 후에 여암공(旅菴公) 경준(景濬)이 쓴 〈귀래정유허비(歸來亭遺墟碑)〉에 "세조가 등극하여 공을 크게 쓰고자 하였으나 뜻이 은퇴에 있는지라 여러 차례의 임명에도 대개는 응하지 않았다." 라고 했고, 또 "공께서 벼슬에서 물러나 향리에 은거한 기간이 모두 30년이었다."고 하고 있는 것으로 보아 앞에 열거한 왕조실록 내용의 관직 모두를 수락하여 소정의 임기를 다 마쳤다고는 생각할 수 없다.

　왕조실록에서 보면 그후 1471년(성종 2년) 4월초에 사헌부 지평

김수손(金首孫)이 "신말주(申末舟)가 지난 경인년 봄에 순창으로 돌아갔으나 지금까지 돌아오지 않으니 파직을 청합니다." 라고 탄핵하여 공은 파직되었고, 이후 성종 7년 전주부윤으로 부임할 때까지 남산대에 거주하였다. 여기서 지난 경인년 봄이란 성종 1년 공이 배위의 병으로 휴가를 얻은 해이고, 이때 왕이 공의 처병(妻病)이 있음을 알고 내의(內醫)를 명하여 약을 짓게 하고 순창으로 보내어 병을 구환하게 하였던 것이다.

그 뒤 공이 1476년(성종 7) 9월에 전주부윤으로 임명되어 1년의 임기를 마쳤으며, 이때 순창 남산대 아래의 바위 위에 '申府尹歸來亭'이라고 공이 직접 암각(岩刻)해 놓았다.

1480년(성종 11)에는 진주목사에 임명되고, 1483년(성종 14)에 성종의 신찰(宸札)로 창원 부사에 임명되니 공은 "창원(昌原)은 바다에 연해 있어 무신(武臣)이 아니면 보내서는 안될 곳이니 청컨대 신의 직첩(職牒)을 갈마들이기 바랍니다. 또한 신의 처(妻)에게는 일찍부터 지병이 있어 사경을 헤매고 있는데 하나 있는 아들도 죽고 없으니 만약 신이 버리고 간다면 누가 병을 치료하며 구하겠습니까? 애민(哀憫)함을 금치 못하겠나이다." 하였으나 성종은 "경은 보한재(保閑齋)의 아우이며 거기에다 활을 잘 쏘기 때문에 보내는 것이다. 경의 처가 누워있다고 하나 친척이 있을 터이니 어찌 구환할 사람이 없겠는가? 사퇴하지 말라." 하고 공의 상주를 받아들이지 않았다.

고령신씨(高靈申氏)

그후 1487년(성종 18) 경상도 병마절도사로 임명되었다가 대사간(大司諫)으로 옮기고, 1488년(성종 19) 2월에 절충첨지 중추부사(折衝僉知中樞府使)가 되고 12월에는 전라도 수군절도사(全羅道水軍節度使)에 임명되었다. 그러나 구보(舊譜)에는 전라도 수군절도사의 기록은 없고 1492년에 호서 수군절도사(湖西水軍節度使)에 임명된 기록만 있으니, 이때가 성종 33년으로 공이 64세 되던 해이다.

여암공(旅菴公)이 쓴 유허비 비문에 "야사(野史)에 의하면 귀래정께서는 소 12마리를 연해서 세워놓고 그것을 뛰어넘었다는 이야기가 있다."고 기록되어 있고, 공이 26세의 나이로 문과에 급제하였을 당시 공을 아는 사람들이 "싸움터에 나가면 장수가 되고, 공이 조정에서는 재상이 될 수 있는 그릇"이라고 칭찬이 자자하였다 하니 문무를 겸비하였음을 알 수 있다.

공의 〈십로계서(十老契序)〉에 70세 되던 해에 순창으로 환향하였다 하였는데, 그 사이의 자세한 행적은 임진왜란으로 거의 모든 문헌이 소실되었기 때문에 알 수 없다. 1503년(연산군 9) 8월 9일 75세로 별세하였으며, 이조 참판(吏曹參判)에 추증되었다.

묘는 옥과현 동15리 수다곡, 지금의 곡성군 옥과면 광암리에 유좌(酉坐) 쌍영이다. 배위는 순창설씨(淳昌薛氏)로 사직(司直) 백민(伯民)의 딸이다. 아들 하나를 두었으니, 판서공(判書公) 홍(洪)이다.

고령신씨(高靈申氏)

유시(遺詩)

○ 계축에 스스로 읊다 (契軸自詠)

귀래정 위에 머리 하얀 늙은이 (歸來亭上白頭翁)

헌 빗자루같이 버려져도 근심할 것 없다네. (敝帚當捐不患窮)

다행히 고향 사람들 날 버리지 않기에 (賴有鄉人憐不棄)

나날이 술자리에서 풍월을 읊고 있네. (開樽無日不吟風)

○ 스스로 읊다 (自詠)

밭갈이로 하루하루 지내고 (耕田消白日)

약 캐면서 내 청춘을 보냈네. (採藥過青春)

물 좋고 산 좋은 곳에서 (有水有山處)

영화도 없고 욕될 것도 없다네. (有榮無辱身)

○ 次三知堂題詠韻(삼지당에 쓴 운에 차운하다)

공명을 하직하고 평안히 누웠으니 (已謝浮名更臥身)

이 몸이 도를 걱정하고 가난을 걱정 않아 (此生憂道不憂貧)

푸른 솔 굳센 대가 고귀한 벗이 되고 (寒松勁竹爲高友)

밝은 달 맑은 바람 언제나 다정해라. (明月清風作四隣)

약포를 손질하니 남은 향기 그윽하고 (薰手餘香鋤藥圃)

부슬부슬 세우 중에 강가에서 고기 낚네. (灑巾微雨釣蘆津)

말 채 잡고 가는 곳마다 취성을 같이 하니 (執鞭隨處同醒醉)
남들이 형제더러 절세의 청춘이라네. (人道鴒原絶世春)

○ 정 불우헌 거사에게 바치다 (奉呈丁不憂軒居士)
예부터 외로운 꽃 숲 속에 있지 않아 (自古孤芳不寄林)
푸르른 송죽만이 그 마음 알아주리. (故將松竹作知音)
불우헌 창 밖에 풍경이 좋을시고, (不憂軒外風烟好)
다만 때때로 시구가 떠오르네. (只管時時成一吟)

그 둘째 (其二)
이 몸이 세상에서 미친 듯이 취한 듯이 (此身行世任疎狂)
어리석고 유순하여 강한 것을 싫어하네. (緣是癡柔不好強)
한가로운 고향살이 이만하면 넉넉하니 (閒退故園知有足)
어찌 감히 딴 곳에 여생을 기대하리. (卜隣安敢望餘光)

그 셋째 (其三)
듣자니 그대 전원(田園) 청산이 가깝다고 (聞說田園對翠微)
머리를 내저으며 높이 누워 세상을 잊었구려. (掉頭高臥早忘機)
시냇가에 갓끈 씻으니 뼈까지 차가웁고, (濯纓溪畔寒侵骨)
솔 사이에 서 있으니 이슬에 옷이 젖네. (倚杖松間露滴衣)

문 밖에는 도연명의 버들이 드리우고 (門外影垂彭澤柳)
울밑에는 수양산 고사리가 돋아 있네. (籬邊根托首陽薇)
도서가 가득 차서 티끌 흔적 없는데, (圖書滿壁塵蹤絶)
달빛 아래 스님 한 분 조용히 찾아 오네. (惟有僧叩月下扉)

○ 和烏戴亭(오대정에 화답하다)

기러기 바람 타고 평사로 떨어지니, (風驅歸雁落平沙)
물빛과 파도빛이 석양에 더욱 좋네. (水色波光薄暮多)
만약에 용면(龍眠)씨더러 이 경치 그리라면 (若使龍眠撲此景)
어옹의 젓대 소리 어떻게 할 것인가? (其如漁笛數聲何)

신맹정(申孟艇)

자는 범수(泛叟), 호는 정재(靖齋)이며, 1411년(태종 11)에 출생하였다. 정은공(靜隱公) 평(枰)의 장남으로, 27세에 진사시에 장원하여 성균생원(成均生員)을 지냈다.

묘는 고령현 가곡, 지금의 고령군 우곡면 사촌동 자우곡(子牛谷)에 합영(合塋)이며, 배위는 의성김씨(義城金氏)로 군수(郡守) 상계(尙啓)의 딸이다. 2남을 두었으니 통정공(通政公) 염(濂)과 학생공(學生公) 결(潔)이다.

신중정(申仲䗿)

호는 죽재(竹齋)이며, 정은공(靜隱公) 평(枰)의 차남으로 통덕랑을 지냈다.

묘는 고령현 가곡, 지금의 고령군 우곡면 사촌동 자우곡(子牛谷)에 합영(合塋)이다. 배위는 안동김씨(安東金氏) 형강(亨康)의 딸이며, 1남을 두었으니 주부공(主簿公) 윤(胤)이다.

신숙정(申叔䗿)

자는 범여(泛汝), 호는 성오재(省悟齋)이며, 정은공(靜隱公) 평(枰)의 삼남으로 1425년(세종 7)에 태어났다.

어려서부터 부모에 대한 효심과 형제간의 우애가 돈독하였으며, '성오(省悟)' 두 자를 써서 걸어두고 매일 반드시 바라보고 반성하면서 심신을 닦는 도로 삼았다.

1451년(문종 1)에 문과에 급제하여, 제천부사(堤川府使)를 지냈고, 통덕랑에 올랐다.

묘는 고령현 남사동, 지금의 고령군 우곡면 사촌동에 합영(合塋)이다. 배위는 의성김씨(義城金氏) 통례(通禮) 상윤(商胤)의 딸이며, 1남을 두었으니 참봉(參奉) 격(激)이다.

신자교(申子橋)

자는 혜옹(惠翁)이며, 감찰공(監察公) 제(梯)의 장자로 1413년(태종 13)에 출생하였다. 1435년(세종 17)에 사마시(司馬試)에 합격하고, 1450년(세종 32)에 문과 병과(丙科)에 급제하여 사성(司成)과 함양군수(咸陽郡守)를 역임하고, 사간원사간(司諫院司諫)에 이르렀다. 단종(端宗)이 선위(禪位)할 때 안질(眼疾)로 남원(南原)에 퇴거(退去)하였으며, 향년(享年) 72세인 12월 2일 졸(卒)하였다.

묘는 고묘우강 건좌(考墓右岡乾坐)에 있고, 유갈(有碣)이다.

배(配)는 제주양씨(濟州梁氏)로 현감 유원(縣監有源)의 딸이며, 묘는 합영(合塋)이다.

1남 1녀를 두었는데, 남은 무(碔)이고, 여는 오팽숙(吳彭叔)에게 출가하였다.

신자강(申子杠)

자는 혜수(惠叟)이고, 호는 돈와(遯窩)로 1416년(태종 16)에 태어났으며, 문과에 등제하여 부사(府使)를 지냈다.

1447년(세종 29)에 제용감역(濟用監役)에 제수되고, 이듬해에 홍문관 직강(弘文館直講)에 오르고, 1449년(세종 31)에 함흥군수(咸興郡守)로 나가 치적이 많았다. 1452년(문종 2)에 특별히 통정(通政)을 가(加)하여 인천군수(仁川郡守)로 옮겼다.

1455년(단종 3) 단종손위(端宗遜位) 후에 사백사성공(舍伯司成公)과 함께 구례 간전(求禮艮田)으로 퇴거하여 모친을 봉양하면서 은거하여 유유자적하며 생을 마쳤다.

묘는 구례 봉서리 향교후록 해좌(求禮鳳西里鄉校後麓亥坐), 지금의 구례군 구례읍 봉서리(求禮郡求禮邑鳳西里)에 있고, 또한 재실(齋室) 귀후재(歸厚齋)가 있다.

배위 문화유씨(文化柳氏)는 사간(司諫) 위(渾)의 딸이며, 4남6녀를 두었는데, 남은 첨정(僉正) 현(礥), 적(磧), 좨주(祭酒) 석(碩), 참봉(參奉) 질(礩)이며, 딸은 오윤은(吳允殷), 정윤적(鄭允績), 성중손(成重孫), 조종원(趙從源), 조석강(曹石剛), 이수인(李守仁)에게 각각 출가하였다.

신자동(申子棟)

자는 혜겸(惠兼)이고, 감찰공(監察公) 제(梯)의 셋째 아들로 태어났다.

관직은 사정(司正)을 지냈으며, 단종(端宗)이 선위(禪位)할 때 남원(南原)에 퇴거(退去)하여 은거하였다.

묘는 속전에 남원 북면(南原北面)에 있었다고 하나 세월이 오래되어 분명하지 않으며, 배위는 씨계(氏系)를 실전하였다. 1남1녀를 두었으니 남은 주부공(主簿公) 암(巖)이며, 여는 병사(兵使) 유진(柳

軫)에게 출가하였다.

신자정(申子楨)

감찰공(監察公) 제(梯)의 넷째 아들이다.

배위는 씨계(氏系)를 실전하였다. 1남2녀를 두었으니 남은 승지공(承旨公) 초(礎)이며, 여는 판관(判官) 정삼산(丁三山), 소한생(蘇漢生)이다.

신 간(申 澗)

암헌공(巖軒公)의 첫째 아들인 서윤공(庶尹公) 맹주(孟舟)의 아들이다.

관직은 개성도사(開城都事)를 지냈으며, 묘는 순창군 팔덕면 서흥리의 서윤공 묘하 임좌(壬坐)에 있다. 배위는 부윤(府尹) 지의(之義)의 딸로 숙부인 언양김씨(彥陽金氏)이다.

신 환(申 渙)

암헌공(巖軒公)의 둘째 아들인 순창공(淳昌公) 중주(仲舟)의 장남이다.

관직은 문과에 급제하여 사복정(司僕正)을 지냈으며, 배위는 안동권씨(安東權氏)로 좌랑(佐郞) 온(溫)의 딸이다.

신 회(申 澮)

암헌공(巖軒公)의 둘째 아들인 순창공(淳昌公) 중주(仲舟)의 2남이다.

사마시에 등제하여 장례원 판결사(掌隷院判決事)를 지냈으며, 배위는 안동김씨(安東金氏)로 감사(監司) 자행(自行)의 딸이다.

신 해(申 海)

자는 사준(士準), 호는 봉재(鳳齋)이며, 암헌공(巖軒公)의 둘째 아들인 순창공(淳昌公) 중주(仲舟)의 3남이다.

진사(進士)에 올랐으나 벼슬에 뜻을 두지 않고 양주 금촌(陽州金村)에 은거하니 이로부터 후손이 여기에 세거하였다. 배위는 함양박씨(咸陽朴氏)로 지평(持平) 번(墦)의 딸이다.

신 지(申 沚)

암헌공(巖軒公)의 둘째 아들인 순창공(淳昌公) 중주(仲舟)의 4남이다.

관직은 성천부사(成川府使)를 지냈으며, 아들의 경원(景源)의 공

고령신씨(高靈申氏)

(功)으로 호조참의(戶曹參議)에 증직되었다. 배위는 양천허씨(陽川許氏)로 참판(參判) 곤(稇)의 딸이다.

신 주(申 澍)

영의정 숙주(叔舟)의 장남으로 1435(세종 17)에 태어났다.

관직은 봉례원 봉례랑(奉禮院奉禮郎)을 지냈다. 1456년(세조 2)에 부친 영의정공을 모시고 명나라에 갔다가 모부인의 사망 소식을 들었는데, 지나치게 슬퍼하다가 병을 얻어 졸하니 그때 나이가 22세였다. 이조참판(吏曹參判)에 추증되고 고령군(高靈君)에 봉해졌다.

배위는 청주한씨(淸州韓氏)로 좌의정 명회(明澮)의 딸이며, 세 아들을 두었으니 종흡(從洽), 종옥(從沃), 종호(從濩)이다.

신 면(申 㴐)

영의정(領議政) 숙주(叔舟)의 둘째 아들로 1438년(세종 20)에 태어나 1467년에 졸하였다. 종부시첨정(宗簿寺僉正)을 거쳐 세조 7년 장령(掌令)이 되고 세조 9년 우부승지(右副承旨), 지공조사(知工曹事)를 지냈으며, 이듬해 우승지(右承旨)를 역임하고 세조 12년 도승지(都承旨)가 되었다. 이해 신숙주(申叔舟), 정창손(鄭昌孫) 등과 함께 독권관(讀券官)이 되어 문과의 초시와 중시를 관장했다.

고령신씨(高靈申氏)

세조 13년 함길도관찰사(咸吉道觀察使)가 되었으나 때마침 이시애(李施愛)의 난이 일어나 조정에서는 공을 동지중추부사(同知中樞府事)로 삼고 어세공(魚世恭)을 함길도관찰사(咸吉道觀察使)로 삼아 교체하려 했으나 어세공이 도착하기도 전에 성이 포위되어 적과 싸우다 전사했다. 이때 누(樓)에 올라 싸우면서 화살로 적 4명을 죽였으나 화살이 떨어지고 힘이 다해 마침내 순절하였다. 뒤에 정려가 내려지고 《삼강행실록(三綱行實錄)》에 들었으며, 영의정에 추증되었다. 배위는 영광정씨(靈光丁氏)로 우군사용(右軍司勇) 호(湖)의 딸이다.

신 찬(申 澯)

영의정(領議政) 숙주(叔舟)의 셋째 아들로 1440년(세종 22)에 태어났다.

관직은 관찰사(觀察使)를 지냈다.

신 정(申 瀞)

자는 언유(彦游)이며, 영의정(領議政) 숙주(叔舟)의 넷째 아들로 1442년(세종 24)에 태어났다.

24세 때 문과에 급제하여 이조참판(吏曹參判)을 지냈으며, 좌리공신 고천군(佐理功臣高川君)에 봉해졌다.

배위는 완산이씨(完山李氏)로 후녕군(厚寧君)의 딸이다.

신 준(申 浚)

자는 언시(彦施), 호는 나헌(懶軒)이며, 영의정(領議政) 숙주(叔舟)의 다섯째 아들로서 1444년(세종 26)에 태어났다.

성종 1년(1470) 문과에 장원급제하여 병조참지(兵曹參知)를 거쳐 이듬해 좌리공신(佐理功臣) 4등에 올랐다. 성종 3년 병조참의(兵曹參議)가 되고 성종 8년 도승지(都承旨)가 되었다. 성종 11년 이조참판(吏曹參判)을 지내고 고양군(高陽君)에 봉(封)해졌으며 천추사(千秋使)로 명나라에 다녀왔다. 성종 13년 충청도관찰사(忠淸道觀察使)를 거쳐 평안도관찰사(平安道觀察使)를 지낸 뒤 돌아와 이조·공조의 판서, 한성부판윤(漢城府判尹), 대사헌(大司憲), 좌우참찬(左右參贊)을 지내고 중종반정 때 공을 세워 정국공신(靖國功臣) 3등으로 고양부원군(高陽府院君)에 진봉되었다. 1509년(중종 4)에 졸하였으며, 시호는 소안(昭安)이다.

배위는 문화유씨(文化柳氏) 판관(判官) 수창(秀昌)의 딸이다.

신 부(申 溥)

자는 언심(彦深)이며, 영의정(領議政) 숙주(叔舟)의 여섯째 아들로 1444년(세종 26)에 태어났다. 1469년(예종 1) 증광시(增廣試)에

고령신씨(高靈申氏)

합격하여 진사(進士)가 되고, 관직은 부사과(副司果)를 거쳐 강원도 관찰사(江原道觀察使)를 지냈다.

시명(詩名)이 높아 그 작품이 《대동운옥(大東韻玉)》에 실렸다.

배위는 한산이씨(韓山李氏)로 문소전(文昭殿) 진항(眞沆)의 딸이다.

신 형(申 泂)

자는 언통(彦通), 호는 해옹(海翁)이며, 영의정(領議政) 숙주(叔舟)의 일곱째 아들로 1446년(세종 28)에 태어났다. 24세에 생원이 되고, 26세에 문과에 병과로 급제하여 내자시정(內資寺正)에 제수되었다. 이어 장령(掌令)에 승진하였으며, 외직으로 삭녕군(朔寧郡)에 나아갔다. 39세에 졸하니 의정부우의정 영성부원군(議政府右議政靈城府院君)에 증직되었다.

배위는 연일정씨(延日鄭氏) 별제(別提) 부(溥)의 딸이다.

신 필(申 泌)

자는 언홍(彦洪)이며, 영의정(領議政) 숙주(叔舟)의 여덟째 아들로 1454년(단종 2)에 태어났다. 관직은 상호군(上護軍)을 지냈으며, 배위는 파평윤씨(坡平尹氏)로 현감(縣監) 삼원(三元)의 딸이다.

고령신씨(高靈申氏)

신 담(申 澹)

자는 청경(淸卿)이요, 안동공 송주(松舟)의 장남이다.

사마시에 급제하여 영산군수(靈山郡守)에 나아가 선정(善政)을 베풀어 백성들이 사당을 세워주었고, 탁영(濯纓) 김일손(金馹孫)이 그 기(記)를 지었다.

신 한(申 漢)

안동공 송주(松舟)의 둘째 아들이다.

벼슬은 과의교위(果毅校尉)를 지냈으며, 배위는 씨계(氏系)를 실전하였다.

신 활(申 活)

자는 제경(濟卿)이요, 안동공 송주(松舟)의 셋째 아들로 1480년(성종 11)에 태어났다. 사마양시(司馬兩試)에 합격하고 거창현감(居昌縣監)을 지냈으며, 배위는 진보신씨(眞寶辛氏)이다.

신 징(申 澄)

자는 자성(子省)이요, 호는 월재(月齋)이며, 안동공 송주(松舟)의 넷째 아들이다.

고령신씨(高靈申氏)

어려서부터 영기(英氣)가 남다르고 재질이 뛰어났다. 명문세가의 정훈(庭訓)을 이어받아 자라면서 의지가 확고했다.

1492년(성종 23)에 문과에 급제하여 필선(弼善)에 임명되고 한림(翰林)을 역임하였는데, 굳센 간관(諫官)의 풍도(風度)가 있다 하여 조정의 신망과 성종의 총애가 컸다.

그러나 연산이 즉위하고 폭정으로 바뀌어, 1504년(연산 7)에 이르러 큰 사화(士禍)가 일어났으니 점필재(佔畢齋) 김종직(金宗直)의 문인들을 죽이는가 하면, 임금에게 바른 말로 간하는 사람은 본인은 말할 것도 없고 그 친척까지도 육시처참하는 극악무도한 살육이 자행되었다. 이 때 그 누구도 감히 직언을 하여 해와 달이 침식하는 듯한 어두운 참상 앞에 나서서 바로잡을 엄두를 내지 못하였다. 그러나 공은 대간의 신하로서 칼날과 도끼날의 서슬이 시퍼런 앞에서도 오직 종묘사직을 위하는 충의 앞에 자신을 내던지고 드디어 항안극간(抗顏極諫 : 임금 앞에서 당당한 태도로 거리낌없이 직언하는 것)을 하였다.

그러니 그 서슬에 공이 어찌 살기를 바라리오. 드디어 참화를 당하고 말았으니, 맹자가 이르기를 의를 취해서 자신을 버리는 대절(大節)은 감히 빼앗지 못한다 한 것이 바로 이것이다.

중종반정(中宗反正) 후 도승지(都承旨)를 추증하였다.

배위는 여흥민씨(驪興閔氏)로 남흥(男興)의 딸이다.

고령신씨(高靈申氏)

신 홍(申 洪)

귀래정공(歸來亭公)의 독자로 태어났다.

여절교위(勵節校尉)를 지낸 후에 장자인 이계공(伊溪公)의 귀(貴)로 병조판서(兵曹判書) 판의금부사(判義禁府使)에 증직(贈職)되었다.

졸년(卒年)에 관하여 족보에는 21세, 가승(家乘)에는 31세로 되어 있는데, 4남매를 둔 것으로 보아 31세가 확실한 것으로 보고 있다.

배위는 초계변씨(草溪卞氏)로, 부친은 헌릉직장(獻陵直長) 균(鈞)이요 조부는 부윤(府尹) 효문(孝文)이다. 슬하에 공제(公濟), 공도(公渡) 공섭(公涉)의 3남과 1녀를 두었다.

신 렴(申 濂)

자는 윤보(允甫), 호는 남사(南沙)이며, 1427년(세종 9)에 맹정(孟艇)의 장남으로 태어났다. 1452년(문종 2) 별시 무과에 급제하여 곽산군수(郭山郡守)를 지냈으며, 향년 58세에 졸하였다.

배위는 경주김씨(慶州金氏) 지평(持平) 세남(世南)의 딸이다.

신 결(申 潔)

자는 결지(潔之)이며, 맹정(孟艇)의 차남으로 태어났다.

공은 천품이 수미(秀美)하고, 성행(性行)이 단정하였으며, 배위는 진주정씨(晋州鄭氏) 천경(天擎)의 딸이다.

신 윤(申 胤)

자는 윤규(允圭), 초명은 윤강(胤康)이며, 중정(仲艇)의 아들이다. 성균생원(成均生員)을 거쳐 벼슬은 주부(主簿)를 지냈다. 배위는 동래정씨(東萊鄭氏)로 사정(司正) 진(軫)의 딸이다.

신 격(申 激)

자는 단보(湍甫), 호는 탁사(濯斯)이며, 숙정(叔艇)의 아들로 1462년(세조 8)에 태어났다. 1488년(성종 19)에 사마시에 합격하여 영산군수(靈山郡守)를 역임하였다. 향년 43세에 졸하였으며, 배위는 밀양박씨(密陽朴氏)로 첨정(僉正) 원한(元漢)의 딸이다.

신 석(申 碩)

호는 지지당(知止堂)이며, 감찰공(監察公) 제(梯)의 손자이고, 부사공 자강(子杠)의 아들이다. 관직은 음직으로 해남 현감(海南縣監)을 지냈는데, 이때 선정으로 치적이 높아서 승진되어 장성 부사(長城府使)에 제수되었다.

일찍이 한훤당(寒暄堂) 김굉필(金宏弼)과 일두(一蠹) 정여창(鄭汝昌)

고령신씨(高靈申氏)

두 선생과 교유하며 학문에 진력하였고, 1498년(연산 4)에 무오사화 때 스승과 벗들이 화를 입자 이에 통분을 금치 못하고 흥양 마륜리(興陽馬輪里)로 낙향하였다. 1885년(고종 22)에 가선대부 사헌부대사헌겸성균관좨주(司憲府大司憲兼成均館祭酒)에 추증되었으며, 1980년 4월 5일 고흥군 남양면 탄포리에 충의사(忠義祠)를 세워 배향하였다.

신종흡(申從洽)

자는 흡지(洽之)이며, 문충공의 맏아들 봉례공(奉禮公) 주(澍)의 첫째 아들로 1454년(단종 2)에 태어났다. 음직으로 돈녕부 첨정(敦寧部僉正)을 지냈으며, 52세에 졸하였다. 배는 파평윤씨(坡坪尹氏) 암(巖)의 딸로 2남 2녀를 두었으니, 아들은 렴(濂)과 빈(濱)이다.

신종호(申從濩)

자는 차소(次韶)요, 호는 삼괴당(三魁堂)이다. 1456년(세조 2)에 문충공의 맏아들 봉례공(奉禮公) 주(澍)의 셋째 아들로 태어났는데, 봉례공이 하세(下世)할 때 공은 유복(遺腹)이었다. 타고난 자질이 영매하여 어려서부터 독서를 좋아하고 미관(未冠)에 이미 수많은 서적을 편열(遍閱)하였을 뿐 아니라 책을 들면 침식을 잊을 정도로 열중하니 문충공이 기특히 여겨 그 실력을 시험하고자 공에게 이필전(李泌傳)을 지어 보라 명하였다. 그런데 그 글이 기이하게도 어른다운 것을 보고는 기뻐하며 "타일에 나의 업(業)을 이을 아이는 바로 이 아이"라고 하였다. 1474년(성종 5) 진사시에 장원을 하고, 1480년(성종 11) 문과(文科)에 장원을 하고, 1486년(성종 17) 문과중시(文科重試)에 장원을 하니, 이처럼 세 번을 연이어 장원을 한 일은 일찍이 과시사상(科試史上) 없었던 놀라운 일이라 하여 왕은 경연(慶宴)을 베풀고 주악(酒樂)까지 내렸으며 세상에서는 공을 삼괴당선생(三魁堂先生)이라고 칭하였다.

홍문관(弘文館) 수찬(修撰)을 초사로 출발하여 사헌부(司憲府) 감찰(監察)을 역임하고, 이어 1481년(성종 12)에는 하천추사(賀千秋使) 서장관(書將官)을 하였고, 다음해에는 다시 홍문관 수찬, 지제교(知製敎) 겸 경연검토관(經筵檢討官)이 되었다가 곧 부교리(副校理) 겸 시독관(試讀官)의 요직을 거쳤다.

1483년(성종 14)에 중국 명사 갈귀(葛貴)가 우리 나라에 오니 공은 명에 의해 그와 접촉하며 수일간 제영(題詠)하였는데 갈귀는 공의 문재(文才)에 탄복하였다.

1485년(성종 16) 중국에서 중 원숙(元肅)을 보내 대장경(大藏經) 뜻 풀이를 청해 왔을 때 공이 강운(强韻)으로 배율장편(排律長篇)을 제진(製進)하니 왕은 그 공로로 한 급을 특가하였고 그 문장은 중국의 조야를 놀라게 하였다. 1486년(성종 17) 홍문관 부응교(副應敎)로 승진되었다가 곧 예빈부정(禮賓副正)으로 특진되었고 다음해에는 《여지승람(輿地勝覽)》 편찬의 공으로 녹피(鹿皮)를 하사하였다.

1488년(성종 19) 무신에 홍문관 직제학(直提學)에 올랐는데 때마침 중국의 봉조사(奉詔使) 동월(董越)이 내조하게 되어 공이 접반사 종사로 의주에 영접을 나가 글을 지어 수답(酬答)하니 동월도 공의 능문(能文)에 경복(驚服)하였다. 그후 홍문관 부제학(副提學)에 승진되었고, 그해 11월 세도가 임사홍(任士洪)을 4흉의 하나로 탄핵하였다. 1489년(성종 20)에는 승정원(承政院) 동부승지(同副承旨)가 되었고 다시 좌승지, 우승지를 거쳐 1490년(성종 21)에 도승지(都承旨)가 되었고 다시 예조참판(禮曹參判)이 되어서는 별시독권관(別試讀卷官)에 임명되기도 하였다. 이 해에 사헌부 대사헌(大司憲)으로 옮겼는데 이때 북로(北虜)가 자주 침범하니 이를 정토하자는 정론(廷論)이 일자 공은 다섯 가지 난점(難點)을 들어 정벌이 불가함을 극간하다 왕의 뜻을 거슬렀다 하여 파직되었다.

1492년(성종 23)에 다시 예조참판 겸 세자우빈객(世子右賓客)이 되고, 1494년(성종 25)에는 경기감사(京畿監司)가 되어 심한 가뭄에 백성이 굶주리자 경기미를 모두 풀고 충청미까지 빌려다가 구휼하였다. 이 해에 성종이 승하하자 공은 산릉사(山陵事)를 돌보랴 중국에서 오는 조문칙사(弔問勅使)를 영접하랴 눈코 뜰 사이 없는 형편이었지만 동분서주하면서 결궐하는 일 없이 능소능대하게 처리해 나가니 이로 인해 상사(賞賜)가 많았다.

1496년(연산 1)에 다시 예조참판 겸 동지춘추관사(同知春秋館事), 예문관(藝文館) 제학(提學)에 올라 성종실록(成宗實錄)을 제진(製進)하고, 다음해에는 중국에 갈 하정사(賀正使)를 인선하게 되자 모두 이를 기피함으로써 마침내 공이 선정되었는데, 당시 공은 천식으로 몸이 불편하였다. 그러나 공은 맡은 임무를 다하기 위해 중국에 들어가 예물표전(禮物表箋)등의 절차 진행에 조금도 소홀함이 없게 하니 명나라 황제가 크게 가상(嘉尙)하였다.

1497년(연산 3) 2월에 호조참판(戶曹參判)으로 귀국 도중 개성에서 병이 심하여서 왕은 내의까지 파견하여 구환에 힘썼으나 3월 14일 마침내 공관(公館)에서 영면하니 향년 42세였다.

왕조실록(王朝實錄)에 사관(史官)은 기록하기를 "공은 도량이 넓고 신념이 굳어 사물에 경계심이나 차별감이 없었고 사악을 미워하며 간알(干謁)로 법을 굽히지 않았다. 기백(畿伯) 때는 관내 수령 중에서 권세를 믿고 탐종하는 자를 모두 가차없이 출척하니 도내가 숙연했다.

그 문장은 웅위왕양(雄偉汪洋)하여 일가를 이루었고 그 중에서도 시는 기려호건(奇麗豪健)하여 사람들이 모두 경모했다" 하였고, 공의 동료인 조위(曹偉)는 공의 묘지문(墓誌文)에 "공은 공문십철(孔門十哲)의 재덕을 겸비하였다" 하였고, 중국의 명사인 진사(進士) 소규(邵奎)는 공의 유집 서문에서 "공의 시는 당나라의 이백(李白)과 두보(杜甫)에 조금도 부끄러움이 없다"고 찬하였다.

고령신씨(高靈申氏)

유시(遺詩)

○ 봄이 스러짐 (傷春)

훈훈한 차 한 잔에 봄졸음을 깨고보니 (茶甌飮罷睡初醒)

어데서 젓대소리 자질듯 들려오네. (隔屋聞吹紫玉笙)

제비는 오지 않고 꾀꼬리마저 가니 (燕子不來鶯又去)

피던 꽃 보슬비에 소리 없이 지는구나. (滿庭紅雨落無聲)

신용개(申用漑)

자는 개지(漑之), 호는 이요정(二樂亭)으로, 문충공(文忠公)의 손자이며, 북백공의 둘째 아들이다.

1463년(세조 9)에 출생하였는데 당시 문충공의 꿈에 산의 높고도 수려한 가파른 봉우리 하나가 눈앞에 우뚝 나타나 멈추는 꿈을 꾸었다. 어려서부터 기품이 뛰어나고 보통 아이들과는 다른지라 문충공이 몸소 어루만지며 가르치고 이끌어 주니 글을 읽고 나면 바로 외고 모르는 것이 있으면 끝까지 알고자 하는 것을 기특히 여겼다.

1483년(성종 14)에 사마시에 합격하니 이로부터 문장이 크게 발전하여 한때 모든 선비들이 거벽(巨擘)으로 추대하였다. 사어(射御 : 활쏘기와 말타기) 또한 출중하여 비록 유복(儒服 : 선비)에 있을 지라도 공을 아는 사람들은 모두 타일에 장상(將相)감이라 경모하였다.

고령신씨(高靈申氏)

1488년(성종 19) 봄에 급제하여 처음은 승정원(承政院) 권지(權知)에 임명되었다가 홍문관(弘文館)으로 옮겨 정자(正字)가 되었고 이내 4계단을 뛰어올라 수찬(修撰)이 되어 경연(經筵)에서 임금을 모시고 강의(講義)를 하기를 4년이었다. 이때 성종이 몸소 어의(御衣)을 벗어 공에게 입혀주니 모든 사람들이 공의 논사(論思)의 힘에 탄복하였다.

성종이 문치에 큰 뜻을 두어 이미 폐했던 용산사(龍山寺)를 수리하여 독서당(讀書堂)이라 이름하고 문학지사(文學之士)를 뽑아 휴가를 주어 독서하게 하였는데 공 또한 이에 뽑혔다.

벼슬이 이조좌랑에서 사헌부(司憲府) 지평(持平)으로 오르고 다시 이조정랑으로 올랐고, 의정부(議政府) 검상(檢詳)으로 천거되어 사인(舍人)으로 승진하였다.

공은 아버지 북백공이 이시애의 난(李施愛亂) 때 비명에 돌아간 것이 늘 원통하였다. 일찍이 왕에게 북방으로 보내주면 아버지의 원수를 갚겠다고 몇 번이나 상소를 올렸으나 조정에서는 끝내 이를 들어주지 않았다. 그러던 중 마침 그 원수가 장안에 들어와 어디에 있다는 것을 형자(炯者 : 염탐하는 사람)를 통해 알아낸 공은 야음을 이용해 그 원수를 노상에서 격살하고는 이내 모부인에게 고한 다음 관에 자수하려 하니 모부인이 울면서 이를 막았다. 뒤에 조정이 그 사실을 알았으나 부모를 죽인 원수와는 하늘을 같이할 수 없다는 것으로 하여 불문에 부쳤다. 1497년(연산 3) 가을에 모부인이 하세하여 여막살이 3년상을 마치고 홍문관(弘文館) 교리(校理)에 임명된 후 얼마되지 않아 응교(應敎)까지 겸하게 되니 국제(國制)에 응교를 겸한 이는 공 하나 뿐이었다.

이어 사헌부 장령(司憲府 掌令)과 사간원 사간(司諫院 司諫)을 역임하였으며, 홍문관 직제학(直提學)으로 승정원에 발탁되어 동부승지(同副承旨)로 있는 2년간 강정자수(剛正自守 : 마음이 굳세고 곧으며 행실이나 말을 스스로 조심하여 지킴)하여 왕의 뜻이 공의 뜻을 따르지 못하니 연산주(燕山主)가 심히 마땅치 않게 여겨서 1502년(연산 8) 겨울에 충청도수군절도사(忠淸道水軍節度使)를 제수하였다. 취임 1년에 공이 병으로 사임하니 갑자기 형조참판(刑曹參判)을 제수하고 이내 예조(禮曹)로 옮기고는 공이 서울에 당도하기도 전에 직첩을 거두고 공을 전라도 영광(靈光)으로 유배하였다. 그러나 중종이 즉위하여 공을 형조참판으로 소환하였고, 문형(文衡 : 대제학)이 오랫동안 비어있던 터에 조정의 중론이 공이 문형을 맡아야 한다하여 특별히 품계를 자헌(資憲)으로 올리고 지중추부사(知中樞府事)로 동지경연사(同知經筵事)를 겸하여 홍문관 대제학(弘文館 大提學)과 예문관 대제학(藝文館 大提學), 지춘추관사(知春秋館事), 성균관사(成均館事)를 겸하니, 공의 높은 덕과 청렴한 인망이 유림(儒林)의 영수에 이르렀다. 1507년(중종 2) 가을에 창산부원군(昌山府院君) 성희안(成希顏)이 주문사(奏聞使), 공이 부사(副使)가 되어 중국에 고명사(誥命使)의 대임을 맡아 갔다가 사명을

고령신씨(高靈申氏)

　마치고 돌아오니 원종공신호(原從功臣號)를 사하였다.

　그후 의정부 우참찬(右參贊)과 이(吏) 병(兵) 예(禮) 공(工) 4조판서(四曹判書)를 역임하고, 숭정계(崇政階)에 올라 의정부 우찬성(右贊成)이 되었다. 이때 창산군 성공이 수상이 되었으나 병으로 인해 공이 정무를 대행하다가 1516년(중종 11) 여름에 대광보국숭록대부(大匡輔國崇祿大夫)의 품계로 의정부 좌의정 겸령(議政府 左議政 兼領) 경연감 춘추관사(經筵監春秋館事)로 조야의 여망을 받았다.

　그러나 공이 병이 깊었고 또한 지진이 일어나는 이변이 생겨 공이 누차 사직을 상소하였으나 왕이 끝내 불윤(不允)하고 현직에서 하세하니 이때가 1519년(중종 14) 10월 3일이었다. 왕이 부음을 듣고 철조삼일(輟朝三日)하고 부의(賻儀)를 특가하였다.

　공이 하세한 후 기묘사화(己卯士禍)가 일어나니 당시 수상이던 정광필(鄭光弼)이 탄식하기를 "신공이 살아있던들 이런 사화는 능히 진정시킬 것인데 어찌하여 먼저 가고 나 홀로 이런 일을 당하게 하는가?" 하고 눈물을 흘렸다는 사관의 기록이 조선왕조실록에 실려 있다.

유시(遺詩)
양화나루에서 (舟下楊花渡)
강 마을 가을되니 나뭇잎 지는구나, (水國秋高木葉飛)
모래사장 앉은 백구 나래 더욱 희노매라. (沙寒鷗鷺淨毛衣)

고령신씨(高靈申氏)

해는 지고 저문 날에 서풍에 배를 띠워 (西風落日吹遊艇)

취하도록 마신 후에 강산 싣고 돌아가리. (醉後江山滿載歸)

신복순(申復淳)

자는 순지(淳之)요, 호는 나은(懶隱)으로 소안공(昭安公)의 아들이다.

1464년(세조 10)에 출생하니 어려서부터 너그럽고 온유하였다. 부귀한 가정에 자라면서 오직 학업에 열중하였으며, 특히 글씨 해서(楷書)를 잘 썼다. 공이 여러 번 과거에 응했으나 급제하지 못하고, 1494년(성종 25) 가을에 문음(門蔭)으로 의금부 도사(義禁府 都事)로 출사하여 얼마 후 사헌부 감찰(司憲府 監察)에 승진되고 이어 장례원 사평(掌隷院 司評)에 천거되었다. 품계가 올라 종친부 전부(宗親府 典簿)가 되고, 곧 호조정랑(戶曹正郎)으로 옮겼다. 다음 상의원(尙衣院) 첨정(僉正)에 오르고 내첨시(內瞻寺) 부정(副正)이 되었는데 모두 맡은 바 소임에 성가(聲價)가 높았다. 1505년(연산 11) 국가에 제사가 있어 집사자(執事者)들의 품계를 올릴 때 공에게 특가하여 정3품 통정계(通政階)로 올랐다. 1506년(중종 1)에 중종이 즉위하니 원종공1등(原從功一等)이 내려지며 공조참의(工曹參議)에 임명되고 이어서 절충장군 첨지중추부사(折衝將軍僉知中樞府事)가 제수되고 또한 사복장(司僕將)을 겸하였다. 1509년(중종 4)

고령신씨(高靈申氏)

에 내간상(內艱喪)으로 사임하였다가 복결후 호군(護軍) 또 영흥부사(永興府使), 황주목사(黃州牧使) 등이 제수되었으나 모두 신병으로 사퇴하였다. 그러나 다시 부평(富平), 안변(安邊) 등으로 나가서는 부민들을 인애(仁愛)로 다스리니 순리(循吏 : 법을 잘 지키며 열심히 근무하는 관리)로 이름이 높았다. 공이 여주목사(驪州牧使)로 있을 때 광한(光漢)이 조정에서 파관(罷官)되어 명색 없는 백성으로 초야에 나가 있을 때 공이 자기 지친(至親)을 사랑하듯 백성들에게 인정(仁政)을 베푸는 것을 눈으로 보고 몸으로 느끼고는 공의 인품에 더욱 감복하였으니 이를 실록에 올리었다. 병으로 인해 일찍 퇴임한 후 다시 파주목사(坡州牧使)로 나갔는데, 공이 9개부(九個府)를 역임하면서 그 직무에는 근면하고 거가(居家)에는 검소하고 부민에게는 인애를 베푸니 그 치적(治績)이 가는 곳마다 으뜸이었다. 파주목사 이래로 나이 이미 늙고 오랜 피로로 몸 또한 수척하여 관직에서 물러나 제(第)에 내려가 있으나 조정에서는 공의 공훈을 우대하여 그 녹이 끊이지 않는 가운데 천수를 다하니 향년 78세였다. 묘갈명을 종제(從弟)인 기재공(企齋公) 광한(光漢)이 찬하였다.

신광한(申光漢)

자는 한지(漢之)요, 호는 기재(企齋)이며, 영성군(靈城君)의 아들

고령신씨(高靈申氏)

이다.

  1484년(성종 15) 7월에 공이 출생하니 4세에 아버지 영성군이 돌아가시고 과거(寡居)인 어머니의 무양(撫養)으로 소년기를 맞았다.
  그런데도 취학(就學)을 하지 않아 집안의 늙은 하인들이 종종 놀릴라치면 공은 "내가 아직은 글을 배우지 않았지만 내가 배운다 하면 천 사람, 만 사람을 뛰어 넘어서 앞지를 것이다." 하였다. 15세에 학업을 시작한 공은 패연발분(沛然發憤)하여 평소 같이 놀던 아이들과의 왕래도 끊고 날마다 스승을 삼을 만한 벗들과 사귀면서 학문을 강구하고 연마하며 완전하게 알지 않고는 그치지 않고 파고드니, 학문이 날이 갈수록 깊고 넓어져서 수학한 지 몇 해 가지 않아 내놓으라 하는 유생들이 경외하는 존재가 되었다.
  어느 날 영남의 유생 배수재(裵秀才)라는 사람이 서울에 올라와서 글짓기를 하는데 삼장(三場)을 내리 이기고 의기양양해 했다. 마침 그를 성균관에서 만난 공은 글을 겨루기 위해 고부(古賦) 일장(一章)씩 짓고는 이것을 대인선생에게 보이니 공이 지은 부(賦)가 수장으로 뽑히고 배공이 다음이 되니, 그 실력의 차는 감히 저울에 달아 볼 처지가 아니었다. 이로부터 공의 재명(才名)은 대진(大振)하게 되었다.
  이때에 연산주(燕山主)의 악정이 심해지니 공이 문을 닫고 독서하며 유조사(有鳥辭)라는 글을 지었는데 다음과 같았다.

새가 있으나 3년을 날지도 울지도 않으니, (有鳥三年不飛鳴)
좋은 소리 없는 천지가 적막하구나. (天地寂寞無好聲)
내 간을 헤치고 붉은 피 토해내면 (我欲披肝出赤血)
사나운 새떼들이 다투어 쪼아 마시리라. (飮啄必與鷙鳥乎)
산이 깊고 길도 끊겨 비바람 사나워서 (山深路絶風雨惡)
새끼 주림 두려운데 깃마저 기우누나. (恐有雛饑巢亦傾)
우물쭈물 이제 와서 머리가 희려 하니 (因循卽今頭欲白)
늙바탕에 피눈물이 방울방울 떨어지네. (暮年血淚成淋零)

우의(寓意)로 표현된 이 글이 실은 연산 학정하(虐政下)의 당시 사회상이 아니었나 생각된다. 그전에 연산모후(燕山母后) 윤씨의 장사(葬事) 날 공의 선대부(先大父)가 근족(近族)으로 참석하여 그 일을 지켜보고 후일에 증(證)하기 위해 날자와 사실 등을 기록해 둔 일이 있었다. 그런데 연산이 포악해지며 당시의 기록이 있다는 말을 듣고 급히 찾아오라 명하였다. 당시의 기록만 찾아 올리면 당장 후한 상을 내릴 것이라는 사자(使者)의 말에 모부인은 그것을 내어 주려고 했다. 이때 공이 모부인 모르게 기록을 찾아서 살펴본즉 연산모후 윤씨가 폐서인(廢庶人)으로 쫓겨났을 적의 예(禮)에 벗어난 혹독한 처사가 적혀 있는지라, 이것을 만약 연산이 보았다가는 무서운 사화(士禍)가 있을 것을 염려하여 공이 그 기록을 태워버리고 그런 기록은 구할 수 없다고 하여 화를 면하였다.

고령신씨(高靈申氏)

중종이 즉위한 후 1507년(중종 2)에 진사시에 장원하고 1510년(중종 5)에 문과에 급제하여 초보(初補)가 승문원 권지(承文院 權知)였고, 다음 1511년(중종 6)에 승문원 부정자(承文院 副正字)로 있다가 9월에는 정자(正字)로 오르고 다음해 4월에 저작(著作)이 되고 6월에는 홍문관에 선입하여 정자(正字)가 되고 경연전경(經筵典經), 춘추관기사관(春秋館記事官)까지 겸하였다.

이때 심정(沈貞)이 공이 세상에 감춰진 그릇이라는 얘기를 듣고 여러 번 자기 집에서 공을 만나고자 하였으나 공은 끝내 가지 않았다.

1514년(중종 11)에 홍문관 교리 지제교(知製敎)로 승진되었는데 이때 시정(時政)에 대해서 극렬한 논조로 상소를 올린 사람이 있었다. 상이 그 상소문을 대간에게 넘기고는 유사(有司)에게 명하여 그 상소문에서 상을 지적한 말은 없애라고 하였다. 그 후에 공이 유악(帷幄)에 입시하여 진강(進講)할 때 성낼 노(怒)자를 해석하며 아뢰기를 "사람은 칠정(七情) 중에서 노하기는 쉬워도 노를 억제하기는 매우 어렵기 때문에 비록 범인이라도 이것을 경계하는 바인데 하물며 인주(人主 : 임금님)이겠습니까? 일찍이 고인은 이르기를 임금의 노를 천둥에 비유하였습니다. 임금이 비록 부드러운 얼굴과 따뜻한 말로 대해준다 해도 머뭇거리고 감히 말을 다하지 못하는 것이 백성인데 하물며 천위(天威)를 떨치듯이 백성을 대한다면 언로(言路)가 열리지 않을 것입니다." 하였다.

1517년(중종 12)에 사헌부 지평(司憲府持平)이 되어서는 소격서

고령신씨(高靈申氏)

(昭格署)에서 성제단(星祭壇)을 세우고 성신(星辰)에 제사지내는 것은 비(非)라고 상소를 올려 상이 가납하여 혁파를 명하였다. 이 해 8월에 다시 홍문관 교리, 지제교로 옮겨서는 공과 평소 의기상통(意氣相通)하는 조광조(趙光祖)와 더불어 학문적으로 강마절차(講磨切磋)하였는데 한번은 무슨 일로 오해가 생겼다. 이때 공이 정색하여 책하되, "내가 비(非)면 누가 정(正)이냐?" 하니 조공이 자세를 고치고 사과하되 "내가 경애하는 이는 바로 공이요." 하고, 항상 탄복해 가로되 "공이 타국에 있는데 다른 사람이 혹 공을 참해서 공이 재주를 죽이고 재물을 구했다고 하더라도 나는 결코 믿지 않을 것이오." 했다.

9월에 사간원 헌납(司諫院 獻納)이 되었다가 10월에 다시 홍문관 교리, 지제교로 돌아오고, 1518년(중종 13) 정월에 부응교(副應敎) 지제교(知製敎)로 특진하고 5월에 다시 응교, 지제교로 승진하였다가 갑자기 사간(司諫)으로 옮기고 6월에는 전한(典翰)으로 승진하였다. 이때 상을 매일 밤 대하여 고금사(古今事)를 마치 물흐르듯 강론하니 상이 책을 덮었다가는 다시 펴고 덮었다간 다시 펴고 하여 밤이 오경(五更)에 이르는 것이 한두 번이 아니었다. 그리하여 상이 공에게 말하기를 "경이 내 곁에서 나를 위해 힘써준 유악(帷幄)이 의로 하면 비록 군신이나 친한 것으로는 부자와 같다." 하였다.

7월에 성균관 대사성(大司成)에 특배하니 축하하러 찾아드는 젊은 유생들로 성균관이 붐비었다. 8월에 대사간으로 옮기어 공이 경연에서 유생들의 요구를 진계(進啓)할 때 정승 정광필(鄭光弼)이 상에게 "원컨대 유생들의 말을 받아들이소서." 하니 상이 경청하였다.

11월에 승정원 좌승지(左承旨)가 되었으나 병으로 사임하고, 12월에 이조참의(吏曹參議), 다음해 기묘에는 도승지(都承旨), 지제교에 임명되었으나 공이 병으로 사직을 간청하니 이날 상이 공을 인견(引見)하였는데 대전 뜰에서 공이 현기증을 일으켜 거듭 사직을 간청하였다. 그러나 상은 "이 자리는 경이 아니면 안되는 자리니 병을 치료해 가면서 직에 있으라." 하였다. 그래도 공은 한사코 사직을 고집하니 상이 고민 끝에 공을 첨추(僉樞)로 옮겨 주었다. 이때 권간(權奸)이 일시 명류(名流)였음을 기화로 조정 내부의 기류를 그럴싸하게 꾸며서 신진사류(新進士類)들을 일망타진하려 하니 동류인 공에게도 화가 미칠 것은 뻔한 일이었다. 마침내 조광조 등이 취옥되니 공이 달려가 함께 앞날을 걱정했고 그가 귀양을 떠날 때 멀리 교외로 쫓아나가 눈물을 뿌리며 통한의 작별을 하니, 자신이 비록 화환(禍患)에 직면한 급박한 상황에 처해 있어도 세정에 변역(變易)하지 않고 평생붕우(平生朋友)를 사랑하는 마음은 이렇게 확연하였다.

1520년(중종 15)에 삼척부사(三陟府使)로 나갔다가 파직되고, 1522년(중종 17)에 모시고 있는 모부인이 별세하니 집상의 예성이 생존시의 효성과 다름이 없었다. 3년 복결하고 여주(驪州) 원형리

고령신씨(高靈申氏)

에서 15년 동안 책과 벗하며 두문불출하다가 1537년(중종 32)에 권간이 사사(賜死)되고 기묘사화로 물러났던 인사들이 부름을 받았는데 공이 제일 먼저였다.

1538년(중종 33)에 성균관 대사성, 지제교로 다시 현관(賢館)에 들어가니 유림이 추앙함이 목마른 자가 샘을 찾은 것 같이 하였다. 1539년(중종 34)에 명나라에서 화(華)·설(薛) 두 사신이 내조할 때 공이 도사선위사(都司宣慰使)가 되어 그들을 영접하니, 그 때의 장편(長篇), 단장(短章)과 가사(歌詞) 등의 제 작품이 모두 공으로부터 나온 것이었다.

1540년(중종 35) 10월에 병조참판을 하고 다음 해에 병으로 사임하였다가 1542년(중종 37)에 형조참판과 세자우부빈객(世子右副賓客)을 하고 11월에는 한성판윤(漢城判尹)을 하고 1543년(중종 38)에는 형조판서에 올랐다. 공이 항상 말하되 "내가 자주 송관(訟官)이 되는 것은 사리에 따라 바른 것을 주장하기 때문이고 앙천부지(仰天俯地)해서 내 마음이 부끄럽지 않기 때문이다." 하였다. 1544년(중종 39) 정월에 이조판서에다 겸 동지경연, 춘추관·성균관·예문관 제학, 오위도총부 도총관(五衛都摠府 都摠管), 지의금부사(知義禁府事)를 하고, 8월에 홍문관 제학(弘文館 提學)을 겸하였다.

1545년(인종 1) 4월에 명나라에서 장승헌(張承憲)이 중종 승하에 조문사절로 오는데 공이 원접사(遠接使)로 압록강에서 마중했다. 모든 의식절차며 예양진퇴(禮讓進退)에 한치도 어긋남이 없이 하니 명사(明使)가 탄복하여 돌아갈 때 말하기를 "신(申)이조는 비단 문사(文詞)만 풍족하고 기려(綺麗)할 뿐 아니라 도학적인 기량 또한 공경할 만하오. 비록 땅은 중외(中外)라 하지만 도(道)는 오직 하나이니 내가 공을 흠모하여 사장(師長)처럼 대접하겠소." 하였다. 9월에 추성정난위사3등공신(推誠定難衛社三等功臣)에 훈책되고 부모에 대한 봉작이 내려지고 홍문관 대제학(弘文館大提學)에 올랐다. 1547년(명종 2)에 숭정대부 영성군(崇政大夫靈城君)이 되고, 다음해에 병으로 문형을 사임코자 계청(啓請)하니 상이 듣지 않고 오히려 고문대신(顧問大臣)이라 하였다.

1553년(명종 8)에 의정부좌찬성(議政府左贊成)을 배명하니, 그때 나이 70이었다.

다음해에 공이 병으로 모든 관직에서 사퇴할 것을 계청하니 상이 사퇴보다 안심조리(安心調理)하라 하였고, 동년 7월에는 삼공(三公)이 예궐(詣闕)하여 공을 부원군(府院君)으로 승계하여 겸령경연사(兼領經筵事)로 할 것을 계청하니, 상이 그리하라 명하여 그날로 특가(特加)하여 보국숭록대부(輔國崇祿大夫) 영성부원군(靈城府院君)과 겸령경연사(兼領經筵事)가 되었다.

다음해에 병으로 사직하니 상이 사관(史官)을 보내 안심조리하라 하였고, 이 해 윤11월 2일 정침(正寢)에서 영면하니 향년 72세였다.

고령신씨(高靈申氏)

신공제 (申公濟)

자는 희인(希仁), 호는 이계(伊溪)로, 귀래정공의 손자이며, 여절교위 홍(洪)의 아들이다. 어릴 적부터 영특한 기상이 있고 효성이 지극하였으며, 학업의 성취가 일취월장하였다. 1492년에 진사시에 장원하고, 1459년(연산군 1) 증광문과에 병과로 급제하여 승문원·예문관 검열, 승정원 주서, 홍문관 수찬, 병조좌랑 등을 두루 거친 후 조부모를 봉양코자 외직을 원하여 능주 현령으로 나아가 선치하였다.

1506년에 조부 귀래정공의 상을 당하여 복을 마친 후 헌납(獻納)을 거쳐 장령(掌令)에 옮기고, 이 해에 중종(中宗)이 등극함에 원종훈에 참여하였고, 또 설씨 부인을 위하여 돌아가 봉양할 것을 청하여 남원부사를 지냈다. 1508년(중종 3)에 설부인 상을 당하여 복을 마친 후 의정부 검상을 제수받고 사인(舍人)에 올랐다.

1516년(중종 11)에 창원부사로 부임하여서는 곧 유랑민을 불러 조세 미납자의 문권을 불사르고 덕의(德義)로 시정하였으며, 뛰어난 젊은이를 뽑아 학문을 가르치니 청근수령으로 표창받았다.

이후 관동안찰사(關東按察使), 홍문관 부제학을 거쳐 1518년에 승정원 동부승지, 좌부승지에 오르고, 곧 함경북도 절도사로 나아갔으며, 호서관찰사, 호조참판 등을 두루 맡아보았다. 또한 영남관찰사로 도임하는 자는 일이 많아서 그 괴로움을 견디지 못하는

고령신씨(高靈申氏)

데, 공은 이곳에 부임하여 공무를 처리함이 여유로우며 틈날 때에는 명승지에서 회포를 풀면서 일이 없는 듯하니 백성들이 찬탄하였다.

1522년(중종 17)에 하정사로 명나라에 다녀왔으며, 1525(중종 20)년에 이조참판, 1527(중종 22)년에 호조판서에 올랐다. 이듬해에 의정부 우참찬으로 동지성균관사를 겸하고, 이해 가을에 이조판서 겸 좌부빈객으로 옮기고, 다시 호조판서로 옮겨 오래도록 국가의 재정을 맡아 뛰어난 능력을 칭송을 받았다.

1534년(중종 29)에 다시 함경도 관찰사로 나갔고, 1536년(중종 31)에 배명하고 이 해에 서울 집에서 향년 68세로 별세하였다. 왕이 부음을 듣고 조회를 철수하고 예관을 보내어 조부(弔賻)에 수의를 더하였다.

이듬해에 양주(楊洲) 홍복산 남쪽 기슭에 장사지냈고, 후에 청백리로 뽑혔으며 시호는 정민(貞敏)이다.

신윤보(申潤輔)

자는 비경(斐卿)이며, 호는 오림(五林)으로 감찰공(監察公) 제(梯)의 증손이다.

관직은 보은, 단양, 연안, 원주, 해주 등의 목사를 지냈다. 후에 사직하고 접천산 순천안동에 정자를 짓고 이름을 오림정(五林亭)이라 하였다.

신 항(申 沆)

자는 용이(容耳)며, 삼괴당(三魁堂) 종호(從濩)의 장자이다.

어려서부터 매우 총명하여 나이 7, 8세에 이미 황산곡시집(黃山谷詩集)을 암송하였다. 삼괴당이 시험삼아 황산곡시집을 외워보라 하니 한 자, 한 귀도 틀리지 않게 외우는지라 이번에는 산수도(山水圖)를 내어놓고 그림에 알맞게 제목을 달아 절구(絶句)를 지어보라 하였다. 그러자 즉석에서 네 구의 글을 지어 읊으니, 그 글의 훌륭함에 삼괴당 감탄해 말하기를, "이 애는 후일에 대가(大家)가 될 것이다." 하였다.

1490년(성종 21) 공의 나이 14세 되는 여름에 성종대왕의 제1녀 숙혜옹주(淑惠翁主)와 결혼할 부마(駙馬)를 간택하는데 성종이 공을 한 번 보고는 기이하게 여겨 마음을 정하였다. 그런데 복자(卜者)가 공을 보고는 수(壽)를 못하겠다고 아뢰니 성종이 말하기를, "사람을 간택하는 데는 그 사람이 현인(賢人)이냐 아니냐를 가릴 뿐이지 어찌 수요(壽夭)를 논하겠느냐? 그 애는 기개와 도량이 비범해서 반드시 큰 인물이 될 것이다." 하고 사위를 삼아 순의대부 고원위(順義大夫高原尉)에 봉하였다.

하루는 성종이 공에게 어서를 내려 "들으니 네가 글을 지은 것

고령신씨(高靈申氏)

이 있다는데 몇 수나 되느냐? 내가 네 글을 좀 보고 싶구나." 하니 공이 즉석에서 시 약간 편을 지어 올렸다. 그로부터 왕의 은총이 두터워 공이 매일 궁중에 들어가면 날이 저물어서야 물러나오는 처지였다. 공을 총애하는 왕은 어느 날 환관에게 "세자가 항(沆)과 같다면 내 무엇을 걱정하랴!" 하였다.

한번은 공의 조모이신 정부인 한씨(韓氏 : 奉禮公 澍의 배위)가 광나무 별장에 나가는데, 공이 옹주와 같이 따라간다는 말을 왕이 듣고 진수성찬을 내리고 공에게는 시를 지어 올리라고 명하였다. 공이 근체율시(近體律詩) 10편을 지어 올리니 왕이 보고 "비록 명가거수(名家巨手)라도 네가 지은 글에는 가감(加減)할 것이 없다." 하였다.

1494년(성종 25) 갑인에 성종이 승하하니 공의 애모가 남달라 고기를 들지 않았다. 그처럼 고기를 멀리한 지 1년이 되자 삼괴당이 "신자(臣子)가 군부(君父)의 상에 애모의 정이 지극한 것은 좋으나 제도를 넘어서는 일을 혼자만이 행하는 것도 불가하다." 하니 공이 비로소 정을 누르고 부명을 따랐다.

아버지 삼괴당이 개성 공관에서 병이 위독하여 서거하자 공은 멸성(滅性)에 이를 만큼 애통해했고 거려 3년에 조서를 몸소 받들었다.

1499년(연산 5) 여름에 3년상을 마치고 환직하여 가을에 오위도총부(五衛都摠府) 부총관(副摠管)을 겸했다. 1501년(연산 7)에 위계가 자의(資義)에 올랐고, 다음해 봄에 귀후서(歸厚署) 제조(提調)가

되어서는 관곽(棺槨)의 급여를 반드시 궁핍한 자 우선으로 하니 사람들이 모두 감탄하였다. 이 해 여름에 혜민서(惠民署) 제조(提調)가 되어 의관(醫官)을 뽑을 때 한결같이 공이 나가 사정(私情)에 얽매이지 않고 오직 공정하게 시험을 관장하니, 당시의 해조판서(該曹判書) 이세좌(李世佐)가 공의 공명정대함에 심복하여 시험관장은 공이 전임하도록 추천하였다. 가을에는 공의 위계가 통헌(通憲)으로 올랐다.

폐주 연산군이 일찍이 공을 다뤄보기 위해 묻기를 "당태종과 명황은 어떤 임금이오?" 하니 공이 대답하기를 "당태종은 무용과단(武勇果斷)하여 천하를 태평하게 다스리니 가위 영주(英主)요, 명황은 즉위 초에 나라를 바르게 다스리려고 힘썼으나 어질고 사악한 것을 판별하지 못해 결국 천보의 난이 일어났으니 이는 인주(人主)가 가도를 바르게 세우지 못했기 때문입니다." 하였다.

1502년(연산 8)에 풍원위(豊原尉) 임숭재(任崇載)의 모함으로 위계를 박탈당하고 궁중출입을 금지당했다.

1507년 중종반정(中宗反正)이 있던 날 저녁에 어떤 이가 공을 찾아와 "지금 급히 군문(軍門)으로 나가시면 공에게 녹공(祿功)이 이를 것이니 어서 나가시오." 하고 권하자 공이 큰소리로 호통쳐 말하기를 "나 처음부터 반정 의논에 관여하지 않았으되 지금 대사가 이루어졌는데 시기에 편승해 공을 얻으려 한다면 그 어찌 대부리오. 그런 얼굴 두꺼운 짓 나는 못하오." 하고 나가지 않았으나

고령신씨(高靈申氏)

중종이 즉위하자 공에게 원종 1등공신(原從一等功臣)을 사(賜)하고 위계를 봉헌(奉憲)으로 올렸다.

1507년(중종 2) 2월 19일에 병으로 본제정침(本第正寢)에서 영민하니 향년 31세였다. 임종에 아우 영천자(靈川子)를 불러 이르기를 "사람의 일신(一身)에 근신(謹愼)이 첫째요 재예(才藝)가 다음인데, 이 두 가지를 겸비하면 더욱 좋지만 둘을 겸비하지 못했을 때는 재예를 버리고 근신을 행할 것이니 너는 마땅히 삼가고 삼가라!"하였고, 다음으로 옹주(翁主)에게는 다만 효친(孝親)하라는 한마디를 남겼으며,

훌륭한 집 화려한 처소에 살았다가 (生存華居處)
풀 나무 말라 떨어진 산하로 돌아간다. (零落歸山阿)

라는 시 한 수를 읊은 다음 웃으면서 손을 들어 병풍을 치고 돌아누워 유연히 숨을 거두었다. 부음이 이르자 왕은 2일간 조시(朝市)를 철폐하고 문효(文孝)라는 시호를 내렸다. 관비로 장사를 치르고 난 후, 옹주는 공을 애모하여 공의 재행(才行)을 후인에게 알리기 위해 노비를 공의 당숙인 이요정(二樂亭)에게 급히 보내 신도비명(神道碑銘)을 청하였다.

고령신씨(高靈申氏)

신 잠(申 潛)

자는 원량(元亮)이요 호는 영천자(靈川子)이며, 삼괴당(三魁堂) 종호(從濩)의 넷째 아들이다. 어려서부터 자질이 절특하여 문장에만 능할 뿐 아니라 글씨도 명필이요 그림 또한 대가(大家)라 세상 사람들이 공을 일컬어 시(詩) 서(書) 화(畵) 3절(三絶)이라 하였다. 또한 풍채와 태도가 단아하고 마음의 도량이 깊고 넓어서 세상의 문망(文望)이 높았다. 1513년(중종 8)에 진사시에 장원을 하고 현량과(賢良科)에 뽑혀 예문관(藝文館) 검열(檢閱)이 되었다.

1519년(중종 14)에 사화(士禍)가 일어나 공이 파직되고 장흥(長興)땅에 유배되어 17년 동안 인적도 드문 해안(海岸) 한 모퉁이에서 귀양을 살고, 겨우 주거에 편의를 봐준다 하여 양주(楊州)로 옮겨와 귀양을 살게 되니, 홍패(紅牌 : 문과에 급제하였다는 붉은 종이의 증서)는 이미 걷어갔고 백패(白牌 : 진사시에 합격하였다는 흰 종이의 증서)마저도 잃고 말았다. 이때 읊은 시에

홍패는 이미 걷어갔고 백패마저 잃었으니 (紅牌已收白牌失)
한림 진사도 헛된 이름이 되었구나. (翰林進士摠虛名)
이제부터는 아차산 밑에 살터인데 (從此峨嵯山下住)
山, 人 두 글자와 누가 능히 다툴건고. (山人二字孰能爭)

라 하였다.

1537년(중종 32)에 기묘사화의 괴수 김안로(金安老)가 사사(賜死)되자 공도 귀양에서 풀려났으나 이미 홍패 백패가 없어져 복직될 수 없었다. 이에 문신들이 공의 문재(文才)를 너무나 아까워하니 조정에서는 특별히 질(秩)을 높여서 태인현감(泰仁縣監)을 제수하였다.

태인현감으로 부임해서는 목민관(牧民官)으로서 치정을 잘하여 그 성적이 8도 중에서 으뜸이었다. 임기가 만료되어 다시 상주목사(尙州牧使)로 전입되었는데 여기서도 치행(治行)이 으뜸이어서 조정에서는 포상으로 정3품 통정계(通政階)에 올렸으나 얼마되지 않아 하세하니 향년 64세였다. 왕조실록(王朝實錄)에 사관(史官)은 기록하기를 "공은 어질고 착한 것을 좋아하는 정성과 임금을 사랑하고 세상을 걱정하는 마음이 늙을수록 돈독하니 그는 가위 군자인(君子人)이다."라고 하였다. 청백리(淸白吏)로 책록되었다.

신 란(申 灤)

호는 동사재(東賜齋)이며, 광윤(光潤)의 아들이다.

벼슬은 충좌위 부사용(忠佐衛副司勇)을 지냈으며, 연산군 때의 폐정(廢政)을 피하여 청주의 묵정동(墨井洞)으로 퇴거하였다. 효우(孝友)를 가법(家法)으로 하여 자손을 가르치며, 조정에서 여러 번

고령신씨(高靈申氏)

불렀으나 나아가지 않았다.

이조참판에 추증되었으며, 배위는 전주이씨(全州李氏) 의신군(義信君) 비(備)의 딸이다.

신수항(申守沆)

1585년(선조 18) 2월 11일 아버지 판관공 원종(元淙)과 어머니 남평문씨(南平文氏) 사이에 태어났으니, 정은공(靜隱公) 평(枰)의 5대손이다. 그러나 네 살에 부모님을 모두 여의고 8세에 임진왜란을 당하여 외숙가에서 자라니 재질이 겸미하고 성격이 온공하여 외숙 문성린(文聖磷)공이 애지중지하였다. 18세에 글을 배우기 시작하여 손에서 책을 떼지 아니하니 몇해 되지 않아 문명이 날로 높아갔고 모든 사람들이 크게 될 인물이라고 평하였다. 그러나 혹 과거를 보라고 권할라치면 공이 말하기를 "영귀(榮貴)는 재천(在天)하고 효경(孝敬)은 재인(在人)한데, 어찌 사람이 배우지 않고 하늘의 운수를 사람 마음대로 기약할 수 있겠는가. 오직 사람의 힘으로 할 수 있는 일은 효도요 공경이니 그 이상의 것을 바라는 학문이란 나로선 필요치 않다."고 하였다. 그리하여 오직 밭 갈고 씨 뿌려 가꾸고 거두는 농경에 힘쓰고 승조와 나라의 대제(大祭)에 쓰이는 기장과 피를 가꾸는데 정성을 기울이며, 연목으로 집을 지어 세 아들을 가르치는 삼자강습소(三子講習所)도 만들어 학업을 닦게 하니 그

교자당관(敎子當官)의 의를 모두 우러러 보았다.

또한 공은 천성이 극효하여 양친을 봉양하려 하여도 봉양할 양친이 안 계심을 항상 슬퍼했다. 그러면서 지은 시 한 수가 있으니 조실부모한 한을 노래하고 있다.

하늘 맑고 달 밝은 밤에
베개에 의지해 아버님 꿈을 꾸었네.
또한 교자(敎子)에 좌우명으로 삼은 말이 있으니,
부모님 은공 잊지 않는 것을 규범으로 알고,
반드시 아침 저녁으로 살피고 문안드림 잊지 말라.

하였다. 이렇듯 효심을 발휘못한 것을 한스럽게 여기다가 별세하니 향년 56세였다.

신중엄(申仲淹)

영성군(靈城君) 형(洞)의 손자인 서 아들로 1522년에 태어났다. 일찍이 부모를 여의고 계모와 동생을 성(誠)과 효(孝)로써 극진히 받들어 그 효행이 당세의 귀감이 되었다.

벼슬길에 올라 주부(注簿)·감찰(監察)에 있으면서 당시 군민을 교화로 인도하여 선치하였으며, 임진왜란을 당하여서는 군량미 부족으로 여러움을 겪는 전세(戰勢)를 돕고자 자신의 신량으로 군량미를 조달하였다. 이에 조정에서는 첨지중추부사(僉知中樞府事)를 제수하였다.

공이 팔순에 이르자 조정에서는 다시 가선대부 동지중추부사(嘉善大夫 同知中樞府事)의 벼슬을 내리고, 이항복, 이덕형, 이수광, 한성복 등의 간필집(簡筆集)을 보내니, 이것이 현재까지 보전되어 전해오고 있다.

후에 좌찬성에 추증되었다.

신 옥(申 沃)

자는 계숙(啓叔)이며, 소안공(昭安公) 준(浚)의 현손이다.

1534년(중종 29) 12월 15일 출생하니 어려서부터 천품이 의젓하고 재주가 비범하였다. 뜻을 학문에 두어야 한다는 교훈을 지켜 독실하게 학업을 쌓아가는 동안 학문의 오묘한 맛을 스스로 느끼게 되자 공은 과거에는 관심이 없이 오직 학문 탐구를 위해 퇴계선생(退溪先生)의 문하로 들어갔다. 퇴계선생은 공을 귀하게 여겨 공에게 준 글에 이르기를 "촛불도 높이 들면 그 빛이 멀리까지 비치고, 그릇에서 새는 물도 잘 막으면 그대로 담겨져 있는 것인데, 세상에 많은 좋은 인재들이 오직 과거에만 몰두하여 정열을 쏟다 무너져 버리니 얼마나 안타까운 일인가. 그러나 계숙(啓叔)만은 그런 우를 범하지 않고 오직 학문을 깨달아서 널리 알고자 하는데 전념하고 있으니, 계숙은 바로 티끌 속에 있는 안자(顔子 : 공자의 제자)이다." 라 하였다. 뒤에 공은 별천(別薦)으로 음직(蔭職)을 받아 곡성현감(谷城縣監)으로 출사하여 다스리니 고을의 풍교(風敎)가 크게 진작되었다. 공이 가선(嘉善)으로 승자(陞資)되어 돌아오며 도산(陶山)으로 퇴계선생을 찾아 뵈니 선생이 공에게 재호(齋號)를 써주었다. 그러자 공이 말하기를 "저에게 재호를 주심을 저를 배척함과 같습니다." 하고 끝내 사양하고 받지 않았다. 그리고 동문 벗들에게 시를 지어주니 그 고아하고도 유취(幽趣)함이 공의 인품을 그린 것과 같았다.

공은 퇴계선생의 고제(高弟)로서 자주 왕래하며 성학도(聖學圖)·천명도(天命道)·태극도(太極圖) 등에 대한 분석, 지의(旨義)의 강론을 통해 이는 모든 선비들이 반드시 익히고 알아야 할 것이라 하여 그 도설(圖說)을 종신토록 몸에 간직하였다. 공의 만년 계자흠에서 "충효는 무릇 남의 신하된 자와 남의 자식된 자가 마땅히 행해야 할 본분이거늘 충효에 무슨 정려(旌閭)가 필요하냐?" 하여 충효를 본분시했다. 1604년(선조 37)에 수질(壽秩)로서 가선(嘉善)에 오르고, 15년 후 1619년(광해 11) 11월 10일 정침(正寢)에서 영면하니 향년 86세였다. 이 해에 셋째 아들인 무과 병사(武科兵使) 경징(景澄)의 귀(貴)로 인하여 가의대부 병조참판(嘉義大夫兵曹參判)에 추증되었다.

신 한(申 瀚)

이요정공(二樂亭公) 용개(用漑)의 아들이다.

관직은 목사를 지냈다.

신 영(申 泳)

자는 경함(景涵)으로 1551년(명종 6)에 태어났다.

1585년(선조 18) 식년시(式年試)에 진사(進士)가 되고, 1589년 (선조 22) 문과 증시(增試)에 합격하여 관직은 병조좌랑(兵曹佐郞)을 지냈다.

신 발(申 撥)

1523년에 태어났다.

효행으로 천거를 받아 30세에 사재감참봉(司宰監參奉)으로 기용되고 장악원직장(掌樂院直長), 종부시주부(宗簿寺主簿)를 지냈으며, 안산군수(安山郡守), 신천현감(信川縣監)을 거쳐 여산(礪山), 단양(丹陽), 온양(溫陽)의 군수를 역임하고 뒤에 통례원상례(通禮院相禮)가 되었다. 80세에 노인직(老人職)으로 당상(堂上)에 오르고 90세에 동지중추부사(同知中樞府事)가 되고, 1616년 향년 94세로 별세했다.

고령신씨(高靈申氏)

신 식(申 湜)

자는 숙정(叔正), 호는 졸재(拙齋) 또는 임곡(臨谷)이며, 영성군(靈城君)의 현손이다. 찬성공 중엄(仲淹)의 아들로 1551년(명종 6)에 출생하였다. 공의 아호가 원래는 임곡이었는데 선조의 명에 의해 졸재로 개호한 것이다. 일찍이 퇴계(退溪) 이황(李滉) 선생과 대곡(大谷) 성대운(成大運) 문에서 경학(經學)을 강명(講明)하고 예설(禮設)을 사승(師承)하였다.

1576년(선조 9) 26세에 문과에 급제하여 지평을 거쳐 강릉·광천 군수로 출보되었다가 집의로 옮겼을 때 정여립(鄭汝立)을 잘 안다는 이유만으로 일파로 몰려 탄핵을 받고 곤양(昆陽)으로 유배되었다. 유배에서 풀려나 1585년(선조 18)에 사은사(謝恩使)로 연경(燕京)에 갔다. 1592년(선조 25)에 왜구가 침범하자 경상도 안무어사(按撫御史)가 되었고, 1601년(선조 34)에 오위상호군(五衛上護軍)이 되고, 1602년(선조 35)에 호조참판(戶曹參判)에 올랐다가 다음해에는 대사헌(大司憲)이 되었고, 다음 1604년(선조 37)에 홍문관 부제학(弘文館 副提學)과 예조참판(禮曹參判)에 이르렀다. 1610년(광해 2)에는 강원도 관찰사(江原道 觀察使)가 되었다. 1617년(광해 9)에는 인목대비(仁穆大妃)를 몰아내는 이른바 폐모정청(廢母廷請)에 불참하였다는 죄로 서강(西江)에 칩거당하기도 하였으며, 지중추부사(知中樞府事)를 거쳐 기로소(耆老所)에 들어갔다. 공은 소현세자

빈(昭顯世子嬪)의 외조부로서 예학에 밝았고, 〈의례고증(疑禮攷證)〉, 〈가례언해(家禮諺解)〉, 〈사계문답(沙溪問答)〉 등의 저서를 남겼다.

공의 학덕(學德)과 행의(行誼)를 기려 유림에서는 서원에 배향했고, 그 효성 또한 매우 지극하여 조정에서는 정려(旌閭)를 명하여 오늘날까지 표양(表揚)되고 있다.

신 설(申 渫)

초명은 용(涌), 자는 계달(啓達), 호는 하은(霞隱)이다. 영성군(靈城君)의 현손으로 찬성공 중엄(仲淹)의 아들로 1560년(명종 5)에 출생하였다. 어려서부터 뛰어나게 총명하여 이를 갈 나이가 되자 독서를 좋아하여 손에서 책을 놓지 아니하니 아버지 찬성공(贊成公)이 꾸짖어도 금할 수 없었다. 5세에 모부인 상을 당하여 슬퍼하는 게 이미 노성(老成)한 사람같이 하니 사람들이 달리 보았다. 9세에 중형(仲兄)인 졸재공(拙齋公)과 더불어 퇴계선생(退溪先生) 문하에서 수학하였다. 그러나 입문한 지 3년만에 퇴계선생이 하세(下世)하니 졸업을 하지 못하고 돌아왔다.

찬성공이 상주판관(尙州判官)이고 공은 나이 겨우 10여 세였을 때, 마침 왜국 사신이 상주고을에 들르게 되었는데 공을 보고 총명하게 잘 생겼다고 칭찬을 하고는 시를 지을 수 있느냐고 물었다.

고령신씨(高靈申氏)

그러자 공은 거침없이 다음과 같은 시를 지어 내놓았다.

삼신산 밖에 해가 뜨니 (扶桑三島外)
오색 구름 가운데 화악이 우뚝하고, (華岳五雲中)
두 나라가 천 년을 사귀니 (兩國千年好)
작은 배로 만 리를 통하네. (孤丹萬里通)

왜사(倭使)가 이 글을 보고 크게 경탄하니 이로부터 공의 이름이 뻗어나기 시작했다.

16세에 향시(鄕試)에서 장원하였고, 29세에 생원(生員), 1591년 (선조 24) 32세에 문과에 급제하여 괴원(槐院 : 승문원)에 들어갔다가 홍문관(弘文館) 부정자(副正字)로 승진하였다. 다음 임진년 4월에 왜적이 대거 침범하니 공이 호좌(湖左)에서 모병하여 의병장이 되었다. 그리하여 호남의 김천일(金千鎰), 고경명(高敬命)과 영남의 곽재우(郭再祐)와 서로 격문을 전하여 토적보국(討賊報國)할 것을 깃대에 서약하고 이름하여 청동중의군(淸東中義軍)이라 하였다.

왜적에게 동래가 함락되어 부사 송상현(宋象賢)이 순절하였는데 송공의 아들 효급(孝及)의 부인은 바로 공의 삼종질녀(三從姪女)였다. 동래가 함락되기 전 송공이 급히 공에게 편지를 보내왔는데 그 내용은 가족을 공에게 부탁한다는 것이었다. 공이 그 편지를 보고는 눈물을 흘리며 "내 질녀도 죽었는지 모르겠다. 혼자라도 살았

고령신씨(高靈申氏)

다면 집안을 보존케 해야지." 하고 사람을 보내 다행히 데려와서는 무양(撫養)하기를 친자질과 다름 없이 하였다. 공이 모병을 하랴 군량을 확보하랴, 밤낮 없이 동분서주하면서 그 호령은 부드러우면서도 엄숙하고 대오의 편성이 치밀하면서도 다양하니 왜적들이 그 소문을 듣고 두려워서 감히 가까이 접근을 못했으니, 청주 이하의 여러 군이 접전 없이 온전했던 것은 바로 공의 힘이 컸다.

1593년(선조 26)에 공이 거느린 의병을 근왕군(勤王軍)으로 편입시키려 하였는데 상이 환도를 하였다. 공은 홍문관(弘文館) 정자(正字)로 부름을 받아 사국(史局)을 맡아 보고, 다음해 갑오에는 검열(檢閱)로 승진하여 시강원 설서(侍講院 設書)로 옮기고 다음해에는 승정원 주서(承政院 注書)가 되었다. 또 임진창의(壬辰倡義)로 선무호성원종공제2등(宣武扈聖原從功第二等)으로 훈록되고 이어서 대교(待敎)로 승진되어 사서를 겸하고, 다음 1596년(선조 29)에는 정언(正言) 수찬(修撰)을 역임하고, 익년 1597년(선조 30)에는 부교리(副校理)로 승진하여 이조좌랑 겸 도원수(吏曹左郞 兼 都元帥)가 되었다.

이때 왜구가 재차 침공하여 거국적 위기를 맞았다. 다음 1598년(선조 31)에는 공이 이조정랑(吏曹正郞)으로 군의 감독관이 되어서 현지에 나가 군량 사정을 살펴보는데 어사가 순찰해로(巡察海路)에서, 명나라 장수 만경리(萬經理)와 세덕(世德)이 서해에 병사를 주둔시켰는데 군량이 공급되지 않아 병사가 굶주리고 있어 독촉과

책망이 대단하더라는 얘기를 들려주었다. 그 말을 듣고 공이 그곳에 가려고 하니 찬성공이 계언(戒言)을 주되 "네가 지금 군대의 감독관이라는 막중한 임무를 띠고 있는데 당장 먹을 곡식이 없이 가기만 하면 어찌한다는 거냐!" 하고 집에 저장해둔 가자미(家資米) 3백 석을 내가라고 하였다. 그리하여 공은 쌀을 배에 싣고 가라 명하고 서해안의 백성을 모아 놓고 선유(宣諭)한 다음 명군(明軍)이 있는 곳에 가보니 실려 보낸 쌀이 이미 당도해 있으므로 그 쌀을 풀어서 우선 식량을 공급해 주고 3일 안에 쌀 8천 석을 더 확보하니 병사들이 안심하고 신뢰하였다. 또 명장(明將) 만경리(萬經理)는 공의 손을 잡고 한숨을 쉬며 공의 재주와 수완은 가위 국사(國士)라고 칭찬했다. 상이 이 말을 듣고 가상하여 말과 마구를 내렸다. 공이 돌아오자 안산군수(安山郡守)를 제수하였으나 불부(不赴)하였다. 1600년(선조 33)에 장령(掌令)에 승진하여 사간(司諫)이 되고 필선(弼善)을 겸하였다. 1601년(선조 34)에는 검상(檢詳)으로 사인(舍人)에 승진되고 이어서 응교(應敎)로 보덕(輔德)에 오르고 6월엔 사인으로 통정계(通政階)에 올라 동부승지(同副承旨)가 되고, 다음 1602년(선조 35)에 임인년 우승지(右承旨)에서 황해도 관찰사(觀察使)로 나갔다. 다음 1603년(선조 36)에는 형조참의(形曹參議)로 체배(遞拜)되자 찬성공이 돌아가시어 3년 복결하고, 1607년(선조 40)에 병조·예조·이조의 3조 참의를 하고, 다음 1608년(선조 41)에는 좌승지에 오르고 준부제학권(準副提學圈)에 올랐다.

이해 가을에 공이 하정사(賀正使)로 연경에 가니 명나라 황제가 공을 맞아, 복건성(福建省) 사람으로 표류해서 조선에 밀려가 보호를 받고 있던 대명용(戴明用)외 47인을 데리고 내경하여 고맙다며 후한 상을 내리고 돌아올 때는 은총의 선물을 주었다. 공의 귀환에 앞서 왕은 공의 장자 득패(得沛)에게 익위사부솔(翊衛司副率)을 특별히 제수하여 권면하니 이는 한강(寒岡) 정구(鄭逑)공이 천거한 것이었다.

1609년(광해 1) 9월에 형조참의로서 세 권간(權奸)들의 세력이 번져감을 꾸짖어 배척하니 광해가 대노해서 공을 평해군수(平海郡守)로 보냈고, 1611년(광해 3)에는 공주목사(公州牧使)로, 다음 1612년(광해 4)에는 순천부사(順天府使)로 보내니 모두 공을 배척하는 인사였다. 1613년(광해 5)에 영창대군(永昌大君)의 옥사(獄事)를 공이 탄식하여 이이첨(李爾瞻)을 살려 두어서 조정이 살얼음판이 되는데 이러고도 나라가 되겠느냐고 탄핵하려 한다는 것을 이이첨이 듣고 성을 내니, 오리(梧里) 이원익(李元翼)이 힘써 구(救)하여 공을 김제군수(金堤郡守)로 출보케 했다. 그러나 1614년(광해 6)에 결국 감사의 모함으로 파직되어 잡혀가니 공이 재임했던 군의 군민들이 공의 행적을 돌에 새겨 제사를 지냈다.

1617년(광해 9)에 공이 상소를 올려 백사 이항복(白沙 李恒福)같은 위국진성(爲國盡誠)하고 명의부윤(名義扶倫)하는 원로대신을 귀양보내는 것이 전하가 언필층 내세우는 요순지도(堯舜之道)냐고 통렬하게 고하니, 대관이 공을 중벌로 다스리자고 함에도 광해가 "신모는 내가 동궁 때 이미 아는 사이로 충직한 사람이다. 이때에 이런 말을 어찌 죄라고 하겠느냐?" 하고 전리(田里)로 추방하니, 이는 시강(侍講) 때 직언을 서슴지 않는 공의 인품을 광해가 평소 알았기 때문이었다. 이후로 공은 청주 선롱하(先瓏下)로 돌아왔고, 인조반정(仁祖反政) 후에 이귀(李貴)와 김류(金瑬)가 공을 등용코자 하였으나 훈신중(勳臣中) 한두 사람이 평소 공을 좋아하지 않아 막았다.

1624년(인조 2)에 공이 향리에 있을 때 이괄(李适)이 난을 일으켜 성가(聖駕)가 공산(公山)으로 파천했다는 소식을 듣고 공이 공주 행재(行在)로 달려가니 상이 군직(軍職)을 주어 도체찰사(都體察使)인 오리 이원익의 영중(營中)에서 밤낮없이 선후 대책을 논의했다. 난이 평정되고 상에게 공의 등용을 계진하여 임용하려 하였으나 공이 고사(固辭)하고 귀향했다.

진무원종공제2등(振武原從功第二等)에 훈록되고 1627년(인조 5) 10월 19일 경제(京第)에서 하세하니 향년 72세였다.

청주의 봉계서원(鳳溪書院)에 제향되었다.

신 노(申 櫓)

자는 제이(濟而)이며, 1551년에 출생하였다.

1567년(명종 22)에 사마시(司馬試)에 합격하였다. 1592년(선조 25) 임진왜란 때 단천군수(端川郡守) 강찬(姜燦)에게 권유하여 의병을 일으키고 격문(檄文)을 지었다. 두 왕자가 회령에서 포로가 되자 종인(宗人) 석린(石潾)과 함께 정견룡(鄭見龍)에게 권하여 군사를 일으켜서 정문부(鄭文孚)를 원사(元師)로 추대하고 자신은 그 휘하에 종군하여 적을 무찔렀다. 그 공으로 5품직(五品職)에 임명되었으나 취임하지 않았다.

1623년에 졸하였다.

신 담(申 湛)

자는 충경(冲卿), 호는 어성(漁城)이며, 순창공(淳昌公) 중주(仲舟)의 후손이며, 참판공 영원(永源)의 아들로 1519년(중종 14)에 태어났다. "나까지 3대가 시골에 살며 집안이 쇠체하니 네가 입신하기 바란다."는 아버지의 계언(戒言)을 받고, 이때부터 학업에 열중한 공은 10세에 이미 경전(經傳)의 깊은 뜻을 알게 되었다. 1540년 사마시(司馬試)에 합격하고 1552년(명종 7) 문과(文科)에 급제하여 승문원(承文院) 정자(正字), 저작박사(著作博士) 등을 거쳐 성균관(成均館) 전적(典籍)과 형조좌랑(刑曹佐郞)을 지냈다.

옥과현감(玉果縣監)으로 나가서는 걸인들을 무양(撫養)한다 하여 당시 권간(權奸)의 미움과 모함으로 파직되었는데, 오히려 이때

고령신씨(高靈申氏)

옥과의 읍인들이 공의 선정을 사모하는 비를 세우고 고봉(高峰) 기대승(奇大升)이 비명(碑銘)을 지었다. 다시 부름을 받아 예조좌랑(禮曹佐郞)과 정랑(正郞)을 지냈고 사간원(司諫院) 정언(正言)으로 옮겨 춘추관(春秋館) 기사(記事)를 겸하였다. 이어 사헌부(司憲府)의 지평(持平)·장령(掌令)을 거친 다음 간곡히 원하여 고향 한산(韓山)에서 가까운 임천군수(林川郡守)가 되었다.

이때 윤원형(尹元衡)이 임천군 내에서 논밭을 크게 넓히고 있었는데 그의 부하들이 세력을 믿고 임천의 곡식을 1년에 두 번씩 반출해 간다는 사실을 알자 공이 크게 노하여 윤의 부하들을 모조리 잡아 가두니 윤원형의 횡포로도 감히 공의 지엄한 처사를 막지 못하였다.

1566년(명종 21)에 사헌부 장령(掌令)으로 부름을 받고 이어 전랑(銓郞)이 되었으나 노친이 계신 것을 이유로 홍주(洪州)로 출보(出補)를 자원했다. 1568년(선조 1) 홍문관(弘文館) 부수찬(副修撰)으로 옮겨 교리(校理)를 거친 다음 승정원(承政院) 동부승지(同副承旨)로 발탁되어 좌승지(左承旨)를 지냈다. 1577년(선조 10) 충청도관찰사(忠淸道觀察使)가 되어서는 공이 고령신씨(高靈申氏)의 세보(世譜)를 처음으로 수보(修補)하였으니 이것이 바로 제1회 어성보(漁城譜)이다. 1591년(선조 24) 홍문관 부제학(副提學)이 되어서는 임금에게 진계(進啓)하기를 "전하께서는 항상 어질고 사악한 것을 엄격히 가리시고, 근면 검소에 항상 마음이 머물게 하소서." 하니 왕이 좋은 말이라고 가납(嘉納)하였다.

이해 가을에 예조참판(禮曹參判)에 승진되었으나 겨울에 사퇴하고 물러났다가 1592년(선조 25) 봄에 전주부윤(全州府尹)으로 부임하였다. 이후 임진왜란(壬辰倭亂)이 일어나자 공은 의병 2,000명을 모병하여 왜적의 진로를 막았다. 향년 77세에 졸하니 이조판서(吏曹判書)에 증직되었으며, 문헌서원(文獻書院)에 제향되었다.

신 숙(申 潚)

1658년에 태어났다.

1689년(숙종 15) 기사환국(己巳換局)으로 인현왕후(仁顯王后)가 폐위되자 과거에 응시하여 벼슬길에 나갈 것을 단념했다가 1694년(숙종 20)에 갑술옥사(甲戌獄事)로 인현왕후가 복위된 후 관계(官界)에 나와 1700년(숙종 26) 동몽교관에 임명되었다. 이어 수안현령, 백천군수(白川郡守) 등을 지내고, 1711년(숙종 37)에 황주목사(黃州牧使) 등을 역임했다. 청백리에 녹선되었으며, 1713년에 졸하였다.

신 요(申 橈)

1550년(명종 5)에 태어났다.

1601년(선조 34) 문과에 급제하고 광해군 즉위년에 문과중시(文

고령신씨(高靈申氏)

科重試)에 급제하여 예조정랑(禮曹正郎), 지평(持平), 사예(司藝), 필선(弼善) 등을 지내고, 광해군 때 권신(權臣)에 아부했다는 탄핵을 받아 파직되었다. 인조반정(仁祖反正)후 여러 번 등용되었으나 사퇴했다.

신경락(申景洛)

자는 사중(士中)이요, 호는 송촌(松村)이며, 소안공(昭安公) 준(浚)의 5대손으로 1544년(중종 39) 7월 10일에 출생하였다. 어려서부터 학업에 힘써 1585년(선조 18) 사마시에 급제하여 성균관에 들어갔다. 공이 성균관에 있을 때 승장 의엄(僧將 義儼)이 임진왜란에 공이 있다 하여 그것을 믿고 횡포가 심하고 방자함이 지나친지라 공이 탄핵을 상소하니 상이 윤허(允許)하였다. 그후 공이 명망을 얻어 의금부도사(義禁府 都事)로 천거되고 1600년(선조 33)에 사옹원 직장(司饔院 直長)과 전생주부(典牲主簿)와 사헌부감찰(司憲府 監察)을 역임하고 연기현감(燕崎縣監)으로 출보(出補)되었다. 1605년(선조 38)에 현감으로서 문과에 등제하여 호조(戶曹)와 형조(刑曹) 좌랑(佐郎)과 정랑(正郎), 직강(直講), 사성(司成), 사예(司藝), 내자(內資)·군자(軍資)·장악(掌樂)과 종부시정(宗簿寺正) 등의 관직을 역임하였다. 또한 필선(弼善), 보덕(輔德), 헌부(憲府)를 역임하였으며, 지평(持平), 장령(掌令), 집의(執義), 간원(諫院) 등을

고령신씨(高靈申氏)

역임하고, 정언(正言)과 사간(司諫)을 거친 후 통정계(通政階)에 올라 승지(承旨)가 되고 홍주목사(洪州牧使)로 출보하여 1615년(광해 7)에 하세하니, 향년 60세였다. 홍주목사(洪州牧使)로 선정을 보여 증 이조참판(贈 吏曹參判)으로 올랐고 아들 육(淯)의 원종공(原從功)으로 이조판서(吏曹判書)를 추증하였다.

공은 천성이 순근(醇謹)하여 모난 점을 드러내지 않았지만 옳은 일이라면 남이 피하는 위치에서 남이 못하는 일을 능히 해내었다. 혼조시(昏朝時)에 이이첨(李爾瞻) 등이 폐모(廢母)를 꾀할 때 윤기(倫紀)가 무너짐을 개탄하여 폐모라는 패륜적(悖倫的) 논의를 통렬히 규탄하니 비록 말은 심해도 직언임엔 틀림이 없다고 하며 광해(光海)가 공의 정론을 두려워했다.

신경징(申景澄)

자는 정숙(淨叔)이며, 소안공(昭安公) 준(浚)의 현손인 옥(沃)의 아들로 1565년(명종 20)에 태어났다. 섬계(剡溪) 이득양(李得讓)의 문하에서 수학하여 26세에 무과에 올라 7도 병사(七道兵使)를 거쳐 충청병사(忠淸兵使)에 재임하면서 모두 치적이 있어 포장(捕將)되었다.

1621년(광해 13)에 졸하였으며, 배위는 충주지씨(忠州池氏) 첨추(僉樞) 경심(景深)의 딸이다.

고령신씨(高靈申氏)

신득연(申得淵)

부제학(副提學) 식(湜)의 아들로 1585년에 출생하였다. 1610년(광해군 2) 문과에 급제하여 전적(典籍), 정언(正言), 사예(司藝)를 거쳐 강원도관찰사(江原道觀察使)로 나갔다.

1639년(인조 17) 시강원 빈객(侍講院賓客)으로 심양(瀋陽)에 갔다가 청나라의 정세를 살피고 돌아왔고, 이듬해 도승지(都承旨)가 되었다. 그후 생질(甥姪) 이계(李烓)가 명나라와 밀무역(密貿易)하는 것을 알고도 고하지 않은 죄로 인조 21년 제주에 유배되었다가 인조 25년 진도에 이배(移配)되었다.

신득유(申得遊)

자는 양오(養吾)로 1582년(선조 15)에 태어났다. 아버지는 절충장군(折衝將軍) 행대호군(行大護軍), 지제교(知製敎) 설(渫)이다. 1606년(선조 39) 증광(增廣) 진사(進士)가 되고, 1610년(광해 2) 문과 식년시(式年試)에 급제하여 관직은 주서(注書)를 지냈다.

신득홍(申得洪)

자는 대오(大吾), 호는 지담(芷潭)이다. 영성군(靈城君)의 현손인 관찰사(觀察使) 용(涌)의 아들이다. 학문이 경지에 올라 경전과 자사

고령신씨(高靈申氏)

및 백가서에 모두 통하였다. 1639년(인조 17) 식년문과에 병과로 급제하고 전적(典籍), 감찰(監察), 공조좌랑(工曹佐郞), 함경도 도사(咸鏡道都事), 옥과 현감(玉果縣監) 등을 역임하였다.

신응구(申應榘)

호는 만퇴헌(晩退軒)이며, 동지중추부사(同知中樞府事) 발(撥)의 아들로 명종 7년(1552에 태어났다. 성혼(成渾)의 문하(門下)에서 수학하여 1582년(선조 15) 사마시(司馬試)에 합격한 후 학문에만 정진하다가 천거로 장원서(掌苑署)의 장원(掌苑)이 된 후 1588년(선조 21) 직산현감(稷山縣監)이 되었으나 병으로 사직했다. 1600년(선조 33) 이천부사(利川府使)가 되고, 광해군 즉위년 광주목사(廣州牧使)에 이어 삭령군수(朔寧郡守), 공조참의(工曹參議)를 거쳐 양주목사(楊州牧使)가 외었다.

1613년(광해군 5) 이이첨(李爾瞻)등이 폐모론(廢母論)을 주장하자 사직하고, 인조반정(仁祖反正)으로 다시 등용되어 형조참의(形曹參議), 좌부승지(左副承旨)를 거쳐 판결사(判決事)에 이어 춘천부사(春川府使)가 되어 1623년에 졸하였다.

신여극(申汝極)

초명은 여극(汝克), 자는 호인(好仁), 호는 지정(池亭)이며, 감찰

고령신씨(高靈申氏)

공의 7대손이다. 첨절제사 용해(容海)공과 김해김씨(金海金氏) 사이에 독자로 1565년(명종 20)에 출생하였다.

어려서 경전을 박습하고 도략에 정통하여 여러 번 천망에 올랐고 19세에 무과에 급제하여 적량만호(赤梁萬戶)등 내외의 관직을 역임하였다.

1592년 임진왜란에 고경명(高敬命)과 조헌(趙憲)의 창의 소식을 들은 공은 가동(家僮) 400명과 향병 수천 명을 이끌고 군량미 300석을 운반하여 전주에 이르렀는데, 금산(錦山)에서 고, 조 양공이 전패순절(戰敗殉節)했다는 비보를 듣고 비분을 이기지 못하여 그 길로 충청병사 정걸(丁傑)을 만나보고 함께 적의 토벌책을 강구하다가 이윽고 권율 장군이 순찰사가 되었다는 소식을 듣고 그의 막하로 들어갔는데 권율 장군이 크게 기뻐하여 좌부장으로 천거하였다. 1593년 공은 행주산성 싸움에서 배수진법을 치고 복병으로 적을 습격하여 손수 40여 급의 적군을 참살하였고 그후 또한 3전3첩(三戰三捷)하여 수많은 적군을 참획하였으므로 권율 장군이 공을 포계하여 훈련판관(訓練判官)을 제수하였다.

이때 영남과 호남에 왜적이 크게 창궐하여 공은 다시 권율 장군을 좇아 운봉으로 진병하다가 진주성을 지키고 있던 창의사 김천일(金千鎰)로부터 진주성 구원의 청을 받았는데, 모든 장병들이 적을 겁내고 입성을 주저하자 공은 칼을 빼들고 이르기를 "진주성은 국가의 중진일 뿐 아니라 영호남의 목으로 진주를 잃게 되면

고령신씨(高靈申氏)

호남을 잃게 되고 영호남이 없어지면 나라가 무인지경이 된다. 또한 충의의 선비들이 적의 포위 속에서 곤욕을 당하고 있는데 어찌 강 건너 불을 보듯 할 수 있으리오." 하였다. 권율 장군이 공의 말을 듣고 즉시 길을 재촉하여 진주로 진격하였으나 이튿날 도중에서 진주성이 함락되었다는 소식을 듣고 비분 통곡하였다. 그후 함안으로 직진하여 왜적 70여 급을 참살하고 다시 의령, 울산, 경주에 이르러 연첩한 후 권율 원수의 비밀 장계를 가지고 행주로 나아가 바치니 선조가 친히 보시고 포상하였다. 공은 그 후 선조를 호종하고 환경하여 훈련첨정으로 승진되었고, 후에 전라우수영으로 들어가 종형 여량 장군, 종제 여정과 더불어 또한 100여 명의 적을 참수하는 대공을 세우니, 선조가 내금위장(內禁衛將)을 제수하고 가찬하기를 "나에게 너희 종형제가 있는 것은 하늘에 양극(해와 달)이 있는 것과 같도다." 하고 극(克)자를 극(極)자로 바꾸어 개명케 하였다.

선무원종2등공신(宣武原從二等功臣)으로 훈록하고 통정(通政)을 승계하였으며 나주 충장사에 배향하였다.

신여량(申汝樑)

초명은 여량(汝良), 자는 중임(重任), 호는 봉헌(鳳軒)이며, 감찰공의 7대손이다.

고령신씨(高靈申氏)

　1564년(명종 19)에 아버지 홍해(弘海)와 어머니 흥덕 장씨(興德張氏) 사이에 3남 중 장남으로 출생하였는데, 보통 아이의 배가 되는 체구에 이목구비가 모두 거대하고 기이한 괴걸상을 지은 데다 담력 있고 지용이 있어 인근에 평판이 되었기 때문에 아버지께서는 양과 같이 순하고 어진 사람이 되라고 어질 량(良)자로써 여량이라 이름을 지어 주었으나 후일 전공으로 선조가 나라의 대들보로 비유해 량(樑)으로 개명케 하였다.

　공은 5, 6세에 천자문, 계몽편을 마치고 10여 세에 경서와 병서를 통달하였다. 아버지는 장차 문과에 급제하여 가문을 빛내기를 바랐으나 병서 공부만 열심히 하는 것이 못마땅해 그 까닭을 물은 즉 공은 "조야의 모든 선비들이 문숭(文崇)에 흘러 상호 반목으로 파당싸움만 일삼고 있어 문과로 나가 그 무리 속에 휩쓸려 중도에 꺾이느니 나라를 지키는 간성이 되겠습니다." 라고 대답하였다. 20세 때인 1583년(선조 16)에 남해안의 호족자제(豪族子弟)에게 보이는 무과시(武科試)에 급제하고, 이듬해 선전관(宣傳官)이 되어 2년간 평안·함경도 지방의 각 병영과 조정 사이의 전령을 하고, 23세 때 평북 용만(의주) 병마절제도위로 북변을 방수하였는데 이때 만주땅에 사는 당나라 이인을 만나 병서산송문(兵書算頌文) 12권을 얻었다. 1591년 28세 때 조헌(趙憲)이 하야하여 미구에 있을 국난에 대비키 위해 전국의 장재를 물색하던 중 공이 이에 발탁되어 김응남 병조판서의 천거로 우위도총부(五衛都摠府) 부부장(副部將)으로 체직(遞職)되었다.

1592년 4월 13일 왜적이 부산 앞바다로 침공해 오자 14일에 동래부사 송상현(宋象賢)이, 20일에는 충주 탄금대에서 신립(申砬) 장군이 전사하고, 그 다음 날은 도순변사 이일(李鎰)이 패주하여 선조께 피난을 읍소해 평양으로 몽진을 결행하게 되니 공이 대가(大駕)를 호종하여 의주까지 갔다.

공은 국난시에 앉아서 죽을 수는 없다고 선조께 출전을 상소하여 경상우수사 원균(元均) 진영으로 배속되어 방조방장(防助防將)으로서, 당시 사천, 당포, 당항포 등지 싸움에서 연전연승한 전라좌수사 이순신(李舜臣) 장군과 서로 연휘하여 연합 작전으로 고성 앞바다 노량, 한산 양대 작전과 가덕양 앞바다 싸움 등에 참전하였고, 초대 거북선 선장으로 언제나 선봉장이 되어 때로는 복병전으로 혹은 계선, 화전공법 등으로 종횡무진 분전하여 혁혁한 전공을 세웠다. 그러면서도 공은 남에게 돌리는 위국충의심(爲國忠義心)으로 일관하였다.

공의 이러한 성품을 잘 아는 이순신이 특별장계로 상찬을 상신하니 선조가 "신공이야말로 진정 관우·장비와 같은 용장이라." 치하하고 경상우수영 수군첨정(水軍僉正)으로 특진시켰다. 1593년 1월 공의 탁월한 지략과 병법, 인품과 불굴의 투지를 알고 있는 권율(權慄) 장군은 행주산성으로 이동하여 공을 천거하니 절충장군 겸 영책(營責)이 되어 행주 결전에 임하게 되었다. 이때 공은 권율 장군에게 한신의 배수진법을 상신하고 스스로 전위장이 되어 복병기습 전법으로 행주대첩의 결정적 역할을 하였다.

1594년 봄에 왜적과 명군이 임시 휴전에 들어갔을 때 공은 휴양차 일시 귀향하여서도 훈련원 봉사(奉事)로 있는 동생 여정(汝楨)을 불러 의병조직과 조련에 주력토록 지시하고 진에 돌아갔고, 권율 도원수는 공을 안민사(按民使)로 천거하여 전재복구와 난민구휼에 온 힘을 쏟게 했다.

1597년 34세가 되던 1월에 원균이 3도수군통제사(三道水軍統制使)로 되고, 그해 2월 공은 해륙 양면으로 재침해 온 왜적을 맞아 향리 친척들과 미리 훈련시켜둔 의병군을 인솔하고 순천(順天) 예교(曳橋) 싸움에 임하여 적을 대파함으로써 적이 전라도지방 진출을 봉쇄당하고 경상도지방으로 진격하였다. 그해 4월 이순신 장군이 사면되어 출옥하고 원수부에서 백의종군하자 공은 권율장군에게 이순신장군 휘하로 들어갈 것을 청하였고 7월 15일에 통제사 원균이 칠천도 앞바다 해전에서 패하고 전사하자 이순신장군이 삼도수군통제사가 되고 공이 장병과 함께 그의 수군에 편입되었다.

1598년 10월 중순 공은 신임 경상우수사 이경준(李景濬)과 같이 수군을 재건차 고성으로 가던 중 이순신 통제사가 노량진 해전에서 전사하자 이경준이 삼도수군통제사가 되고 공은 통영우후겸 절충장군이 되었으며, 때마침 고금도 앞바다에 침범한 왜적을 공격, 적수 100여 급을 참획하였다. 이 사실이 조정에 전해지자 선조가 가상하여 어사 윤의립(尹毅立)을 보내 15인 재장을 그리는 〈주사호궤도(舟師犒饋圖)〉를 그려 넣게 했다.

동년 11월 29일 당포 앞바다에서 공은 재장들의 만류와 회피에도 불구하고 우리 배 39척으로 적선 100여 척과 맞서 잠수병전과 육상병전을 써서 염포 화약으로 적선 70여 척을 불태우고 20여 척을 사로잡았고, 11월 30일에는 부산 앞바다에 집결해 있던 적선을 소탕차 출동하여 재장을 격려, 부산포로 퇴각하는 적선을 다수 격파하였다.

이에 명나라 진린(陳璘) 제독이 몸소 공을 진지로 찾아와 극찬하며 즉석에서 명나라 황제와 선조에게 가상장계를 올렸다. 선조가 장계를 보고 "신공은 장자방을 능가할 지용 의를 겸비한 주석지신(柱石之臣)이다." 라고 하였다. 또 상가서(賞加書)를 특하하고 종2품 가선(嘉善)으로 승계(陞階)하였으며, 윤의립을 통제영으로 보내 공을 위로하고 부산첨사(釜山僉使)를 겸직시키는 한편 화공을 보내 〈당포승첩도(唐浦勝捷圖)〉를 그리게 했다.

1601년 7월 제포에서 쫓긴 적선 일단이 진도 부근에 숨어 있다는 정보를 들은 공은 병선을 거느리고 벽파진(碧波津)에 도착하였으나 적병은 보이지 않으므로 부하 장병을 쉬도록 하였는데, 객관에서 늦게 적의 야습공격을 받아 장병을 독독하여 분전사투로 많은 적을 죽였으나 등에 적의 독탄이 관중되어 치명상을 입었다.

선조가 이를 듣고 익분가상하여 특별히 전라병사(全羅兵使)를 제수했다.

공은 계속 독전을 하면서 동생들에게 지휘권을 인계시킨 다음 신음 중에 승전보를 듣고 전사하니 이 날이 선조 37년 7월 6일로 향년 41세였다.

조정은 자헌대부 병조판서(資憲大夫 兵曹判書)를 추증하고 삼세진영(三世進榮)의 은전을 내렸다. 그뒤 1753년(영조 29)에 정려(旌閭)를 명하고 1883년(순조 33) 나주충장사(羅州忠壯祠)와 금산대첩단(錦山大捷壇)에 배향되었다.

신여정(申汝楨)

자는 계임(季任)이고 호는 오헌(梧軒)이며, 감찰공의 7대손이다.

1574년(선조 7) 호조판서의 증직을 받은 홍해(弘海)공과 흥덕 장씨(興德 張氏) 사이에 3남으로 태어난 공은 담력이 뛰어났고 또한 효성이 지극하였다. 어려서부터 글을 읽는 틈틈이 말을 타고 활을 쏘며 무술을 닦아 1588년(선조 21)에 무과에 급제하였다.

1592년(선조 25) 4월 13일 왜적이 부산 앞바다에 몰려와 임진난이 일어났을 때 맏형 여량 장군을 따라 왕의 대가를 호종하였다. 임진강에 이르러 선조가 갈증을 느끼자 공은 형의 명을 받아 술을 구해다 상에게 진상하였다. 이로써 선전관이 제수되고 1592년 1월 밀지를 받들고 야행하여 행주싸움 때 권율 장군에게 전달한 공로로 수문장이 제수되었다.

1594년 부산 해전시에는 형을 따라 참전하여 큰 전공을 세웠다. 이때 형인 첨사 여량의 부산 첩보가 이르자 선조가 이르기를 "그대 형제는 산서의 맹기요 호우의 웅재로다. 그대 형제가 아니면 남방을 진수할 자 누가 있으리오." 하였다. 그해 봄에 왜적과 명군이 일시 휴전을 했을 때 공은 훈련원 봉사로 있으면서 향리에 와서 형의 지시에 따라 의병조직과 훈련에 더욱 주력하였다. 이때 군사를 조련해 둠으로써 정유년 2월에 왜적이 순천에 침범해 왔을 때 예교에서 격파함으로써 적의 전라도지방 진출을 봉쇄할 수 있었다.

1597년(선조 30)에 특지를 받들고 남해의 왜적을 방어할 때 밤이면 매양 분향축천(焚香祝天)하고 전라우수사인 형 여량과 더불어 협력 토벌을 하였다. 1598년 10월 고금도 전양에서 왜적과 싸워 대첩을 거두었을 때 선조는 공에게 은대를 상으로 하사하였고 아울러 군자감정(軍資監正)으로 승진되었다. 1601년 7월 진도 벽파전 싸움에서 적을 많이 참획하였으나 형의 진중 전사로 유해를 반장키 위해 사임하니 통정계(通政階)에 올리고 선무훈록(宣武勳錄)에 올랐다.

1636년(인조 14) 병자호란(丙子胡亂) 때 아들 덕윤(德潤)과 종자 덕성(德渻)과 손자 즙(楫)과 증손 응린(應潾)이 모두 의거한 것은 여정(汝楨)공의 명에 의한 것이다.

1640년(인조 18) 77세로 하세하니 이조참의(吏曹參議)를 추증하

고령신씨(高靈申氏)

고 나주 충장사에 배향되었다.

신여주(申汝柱)

감찰공의 7대손이며, 통훈대부(通訓大夫) 원주판관(原州判官)을 지냈다.

신 속(申 洬)

승지(承旨) 경락(景洛)의 아들이다.

1624년(인조 2) 진사(進士)가 되어 문과에 응시했으나 실패한 후 천거로 별제(別提)가 된 뒤에 호조(戶曹)의 낭관(郎官) 등을 거쳤으며, 1644년(인조 22) 영주군수(榮州郡守)로 문과에 급제하여 지평(持平), 필선(弼善)을 지내고 장령(掌令)이 되었다.

승지(承旨) 등 요직의 물망에 올랐으나 1651년(효종 2) 외숙인 김자점(金自點)이 역모로 처형당하자 양주목사(楊州牧使)를 거쳐 공주·청주의 목사 등 외직으로 전출당했다.

신 유(申 濡)

자는 군택(君澤)이고 이옹(泥翁)은 자호(自號)인데, 세상에서 죽당(竹堂)이라 불렀다. 증 이조참판(贈 吏曹參判) 기한(起漢)의 아들

고령신씨(高靈申氏)

로 1610년(광해 2)에 출생하였다.

21세에 진사에 오르고, 1636년(인조 14)에 별시문과에 장원 급제하여 벼슬길에 나가 성균관 전적(成均館 典籍), 육조(六曹)의 좌랑(佐郞), 이조(吏曹)·예조(禮曹)·병조(兵曹)의 정랑(正郞), 이조·병조·형조의 참의(參議)를 거쳤다. 이어 이조·호조·예조·형조·공조의 참판(參判), 사간원(司諫院) 정언(正言)·헌납(獻納), 대사간(大司諫)·사헌부(司憲府) 지평(持平)·집의(執義)를 지냈으며, 양관(兩館)은 홍문관(弘文館) 수찬(修撰)·부교리(副校理)·교리(敎理)·응교(應敎)·부제학(副提學), 예문관(藝文館) 직제학(直提學)을 두루 거쳤다. 의정부(議政府)에서는 검상(檢詳)과 사인(舍人)을 거쳤고, 시강원(侍講院)은 문학(文學), 승정원(承政院)은 승지(承旨), 경조(京兆)에서는 우윤(右尹)·좌윤(左尹), 인조실록(仁祖實錄) 수찬관(修纂官)과 중추부(中樞府)·도총부(都摠府)와 비변사(備邊司)·의금부(義禁府)를 모두 역천(歷踐)하고 누차 시관(試官)을 맡아 지제교(知製敎)를 항상 겸대(兼帶)하였고, 외직(外職)으로는 공산(公山)·송도(松都)·회양(淮陽)을 역임하였다. 또한 공은 소현세자가 볼모로 잡혀 있는 심양에 두 차례나 오가면서 외교적인 공을 세웠다.

유시(遺詩)

시(詩)는 일본(日本) 강산현(岡山縣) 읍구군(邑久郡) 우창정(牛窓町) 본련사(本蓮寺)에 있는 것으로 병식(幷植)이 1986. 11. 22.

고령신씨(高靈申氏)

조선통신사 우창기항(牛窓寄港) 350주년 기념행사 때 초청을 받고 가서 본련사에서 발견한 시로서, 이 절에 남은 조선통신사의 글 중 가장 오래된 시라 하였다.

이 글중 "모기소리 우뢰같아 중문을 흔드는구나!(蚊雷殷殷振重門)"는 일본에서도 회자된 구절이라 한다.

석잔은 가파른 언덕에 걸려 있고 (石棧懸崖嶂)
절에는 진객들의 연회가 한창인데, (招提讌寶林)
동트는 새벽 햇빛은 다락에 빛나고 (樓明暘谷曉)
물결치는 조수에 종소리는 촉촉이 젖어 있네. (鐘濕海潮音)
불서는 선법을 전수하고 (貝葉傳禪法)
연꽃은 불심을 상증하니, (蓮花證佛心)
지나가는 나그네는 (經過楂上客)
하룻밤 지내니 번뇌가 사라지네. (一宿散煩襟)
오래된 우두사에 스님은 적은데, (牛頭寺古殘僧少)
푸른 대 푸른 등에 햇빛이 어둡구나. (翠竹蒼藤白日昏)
나그네 잠 못 이루어 삼경이 지났는데, 客宿不眠過夜半)
모기 소리 우뢰같아 중문을 흔드네. (蚊雷殷殷振重門)

송아사주방 고란사 (送亞使身訪皐蘭寺)
홍연화 곱게 피고 풀빛 좋은데 (花映紅蓮草映裀)

봄물은 흘러내려 강으로 드네. (峽中春水訪仙豪)

고란사 찾아들어 한밤 새울제 (夜深應宿皐蘭寺)

피리소리 연파위서 들려옵니다. (月滿烟波一笛高)

신 혼(申 混)

자는 원택(元澤)이고 호는 초암(初庵)이다. 증 이조참판(贈 吏曹參判) 기한(起漢)의 아들이며 죽당공(竹堂公) 유(濡)의 아우이다. 형과 함께 효우와 문장으로 이름을 떨치니 "미산(眉山)의 형제가 다시 고령(高靈)의 문중에 출현한 것"이라 일컬어졌다.

1644년(인조 22)에 문과별시(文科別試)에 급제하고 승문원(承文院)에 배속되었으나 이해 겨울에 부친이 돌아가시자 3년 복결한 후, 예문관(藝文館) 검열(檢閱)·대교(待敎)·봉교(奉敎)로 승진하고, 1650년에는 전적(田籍)으로 실록 편찬에 참여하였다. 이어 사헌부 지평(持平)과 사간원 정언(正言)을 역임하고 시강원(侍講院) 사서(司書)로 이직한 후 겨울에 모부인(母夫人) 봉양을 위하여 옥과 현감(玉果縣監)으로 나가서 선치하였다.

1653년에 홍문관(弘文館) 수찬에 제수되었는데, 1654년 동료인 이정영(李正英)과 더불어 임금의 뜻을 거역한 사건의 논사로 안주목 교수(安州牧敎授 : 조선조 때 지방향교의 유생들을 가르치던 벼슬로 6品)로 좌천되어 지내는 사이 물과 풍토가 맞지 않아 병을 얻었다. 겨울에 병조랑(兵曹郞)이 제수되고, 1656년에 재차 홍문관 직이 제수되었으나 병으로 체직을 상소하고 5월에 졸하니 이때가 33세의 젊은 나이였다.

문명이 높았고, 그림에도 뛰어났다.

신 간(申 柬)

자는 간지(柬之)이며, 소안공(昭安公) 준(浚)의 6대손이다.

1580년(선조 13) 10월 16일에 출생하여 공이 4세에 아버지 판관공 경담(景淡)이 별세하자 조부인 동추공 옥(沃)이 양육하였다.

1604년(선조 37)에 음사(蔭仕)로 군자판관(軍資判官)이 제수되니, 이때가 임진·정유의 왜란을 겪고 또한 북방의 오랑캐를 경계해야 될 형편이었음에 사대부로서 기개와 지략이 있는 자라면 모두 무예를 익히라는 영이 내려져 있는지라, 공도 이에 선발되어 1618년(광해 10)에 무과에 급제하고 기미에 수문장(守門將)에 임명되었다. 이 해 겨울에 조부인 동추공이 졸하자 중복(重服)을 입어 초종장제(初終葬祭)를 한결같은 법도로 소홀함이 없이 치르니 거상(居喪)을 잘한다고 칭송이 자자했다. 복결(服闋)하여 경주부판관(慶州府判官)으로 나가서 백성을 인애로 다스리니, 부민이 공의 송덕비(頌德碑)를 세웠다.

1624년(인조 2)에 이괄(李适)이 난을 일으켜 서울을 범하자 대가

고령신씨(高靈申氏)

(大駕)가 공주로 피하니, 공이 경주로부터 직접 원수막하(元帥幕下)로 들어가 남이흥(南以興) 및 정충신(鄭忠信), 신경원(申景瑗)과 약속하여 몸소 선봉이 되어 안현(鞍峴)에서 적을 만나 역전 끝에 적을 토멸하고 대가를 환도케 하니 원종공신(原從功臣)으로 훈록(勳錄)되고 절충장군(折衝將軍) 품계에 올랐다. 1627년(인조 5)에 혜산첨사(惠山僉使)에 임명되고 이 해 겨울에 함경남도 우후(咸鏡南道 虞侯)로 옮겼다가 얼마 후에는 박천군수(博川郡守)로 옮기고 다시 덕천군수(德川郡守)로 옮겼다.

1636년(인조 14)에 임기가 만료되어 황주(黃州)로 돌아와 있을 때 호란을 당하여 대가가 남한산으로 파천였다. 이때 대소신료들이 방어책을 논의 끝에 평소부터 지략과 용력이 알려진 공을 수장으로 방어의 병권을 맡기니, 공이 "이 몸을 방패삼아 적을 막으리라." 맹서하고 분전(奮戰)에 분전을 거듭한 끝에 지쳐서 쓰러진 후 다시 일어서지 못하고 통한의 눈을 감으니, 그때가 1638년(인조 16) 7월 8일이고 향년 59세였다.

조야가 비통해 아까워했고 원종공신1등(原從功臣一等)에 훈록하였다.

신 량(申 湸)

호는 호은(湖隱)이며, 좌부승지(左副承旨) 응구(應榘)의 아들로 1596년에 출생하였다.

어려서 평택현감(平澤縣監) 조수윤(趙守倫)에게 학문을 닦고 사마시(司馬試)에 합격하여 사산감역(四山監役)이 되었다. 이어 수운판관(水運判官), 한성부참군(漢城府參軍), 공조좌랑(工曹佐郞)을 거쳐 구례현감(求禮縣監)으로 나갔으며, 효종 때 군기시(軍器寺)·제용감(濟用監)·군자감(軍資監)·예빈시(禮賓寺) 등의 정(正)을 역임했다.

저서에 《호은집(湖隱集)》이 있다.

신 집(申 潗)

자는 노천(老泉)이고, 호는 종산(鍾山)이다.

어려서부터 부모에 대한 효심이 지극하였고, 노인들에 대한 공경심이 남달라서 주위로부터 칭찬이 자자하였다.

공이 9살 때 할아버지가 돌아가셨는데 애통해하며 통곡하는 것이 어른보다 더하여 주위 사람들을 놀라게 하였고, 언어와 행동이 그 어느 하나도 부모님 말씀에 거슬림이 없었으며, 부모님의 잠자리 보살핌과 아침에 문안드리는 일을 병이 났을 때에도 한번도 거른 적이 없었다.

공의 나이 33세에 아버지가 돌아가시자 엄동설한에도 아무 것도 깔지 않은 바닥에서 기거하며 주야로 통곡하였으며, 장례 후에는 3년간 고기와 과일을 먹지 않고 죽만으로 연명하였다.

공의 나이 60세가 넘어 어머니가 돌아가셨을 때도 묘 옆에 초막

고령신씨(高靈申氏)

을 짓고 3년 동안 통곡하였으며, 무릎꿇고 통곡하는 자리는 구덩이가 되었다.

이러한 공의 효행을 관찰사가 숙종에게 상소하자 왕은 특별히 쌀을 하사하고 마을에 정문(旌門)을 세워 공의 효행을 기리도록 명하였다.

신익상(申翼相)

자는 숙필(淑弼)이요 호는 성재(醒齋)로 이요정의 6대손이다.

어려서부터 특이한 데가 있어 밖에 나가 아이들과 어울리는 것을 좋아하지 않고 오직 아우인 우상(愚相)과 더불어 독서에만 열중하였다. 1666년(현종 7) 문과(文科)에 급제하여 세자시강원(世子侍講院) 설서(設書)가 되었다가 1668년(현종 9)에 사국(史局)으로 천거되어 검열(檢閱)이 되고 다음해에 대교(待敎), 이어 1670년(현종 11)에 봉교(奉敎)로 올랐다.

이 해부터 1672년(현종 13)에 이르기까지 주서(注書), 설서(設書)를 거쳐 병조좌랑(兵曹佐郞)에 천거되니 공이 사국(史局)에 있는 5년 동안 사관(史官)으로서 모든 사안을 기록하는데 조금도 주저하는 바가 없었다. 그러므로 일부 관원중에는 공을 꺼리는 사람도 있었다.

1673년(현종 14)에 이천현감(伊川縣監)으로 나갔다가 그 해 겨울에는 홍문관(弘文館) 부교리(副校理)로 전임되어 상소를 올린 것이 무릇 천여 건에 이르렀고, 당쟁이 심해지자 충청도 아산으로 내려가 관직을 떠나기도 하였다. 1677년(숙종 3) 가을에 부름을 받아 의주부윤(義州府尹)으로 부임을 하니, 병란 후라 변방사(邊方事)가 소홀해지고 기강이 무너져 민심은 들떠 있고 관아의 이속(吏屬)들은 사리만을 취하는 형편이었다. 공은 이때부터 백성을 의(義)로 교화하며 관속들에게는 무술을 권장하여 궁마를 익히게 하며 갑옷과 장비들을 갈고 닦아 유사시에 대비하는데 힘쓰게 하니 조정에서는 이를 가상하여 말을 하사하였다. 또한 위화도(威化島)에 갈대밭이 많은데 착안하여 백성들에게 이 갈대를 베어다 지붕을 이는데 쓰도록 하는 한편 상호 협력해서 논밭을 개간케 하니 세수(歲收)되는 곡물이 수천 석이었다. 공의 임기가 다하여 떠나자 의주 백성들은 송덕비(頌德碑)를 세웠다. 공은 사국에서 사관을 지낸 외에도 병조·형조 참판과 대사간, 한성우윤, 대사헌 등을 역임하였는데 대개 재임, 삼임하는 것이 보통이었다.

 1689년(숙종 15) 4월 잠시 사직하고 물러나 있는 동안에 중궁(中宮)을 폐하는 정변이 일자 공이 부당하다는 항장(抗章)의 상소를 올렸으나 받아들여지지 않자 한동안 식음을 전폐하고 눈물을 흘리며,

죽고자 다시 죽고자 하니 (欲死復欲死)
산중이 밤마다 슬프구나. (空山夜野悲)

고령신씨(高靈申氏)

하는 시귀를 남기기도 했다.

1694년(숙종 20)에 민비(閔妃)가 복위되자 도승지를 제수하였으나 이를 사양하고 부임하지 않았다. 그러나 1695년(숙종 21)에는 뿌리 치지 못해 이조판서(吏曹判書)를 거쳐 우의정(右議政)에 올랐다.

1699년(숙종 25) 11월 3일에 서거하니 향년 64세였다.

부음이 전해지자 왕은 몹시 애도하였으며 녹봉(祿俸) 3년의 은전을 내렸다.

유시(遺詩)

친구가 부름을 받고 감을 작별함 (別朴奉卿承召還洛)

삼년 종사(從事) 등불밑에 꼬박꼬박 일보더니 (三載靑油幌下賓)

차림새 훤칠하게 서울 향해 올라가네. (繡衣馬忽馬向楓宸)

해(年)맞도록 같이 함께 고향 그려 우던 몸이 (終年等是思鄕夢)

오늘에야 가고 보냄 처지 서로 다르구나. (今日偏爲惜別人)

버들 꺾어 보내려니 봄이 아직 이르것다 (攀柳未堪春色早)

지는 매화 어이하여 객의 심사 돋구느냐 (落梅何耐客愁新)

그대 이번 돌아가서 이 내 소식 전해주게 (君歸報道吾消息)

관산만리 타향에서 병이들어 누웠다고. (萬里關山一病身)

고령신씨(高靈申氏)

신경제(申慶濟)

자는 성회(聖會)로 인조 22년(1644)에 태어났다.

1675년(숙종 1) 식년(式年) 진사(進士)가 되고, 1689년(숙종 1) 증시(增試)에 합격하였다. 관직은 우윤(右尹)을 지냈다.

신필청(申必淸)

자는 청지(淸之)이며, 집(潗)의 아들로 1647년(인조 25)에 태어났다.

1679년(숙종 5) 식년(式年) 생원(生員)이 되고, 1684년(숙종 10) 정시(庭試)에 급제하고, 1697년(숙종 23) 문과 중시(重試)에 합격하였다.

관직은 정언(正言)를 지냈다.

신선온(申善溫)

자는 치량(稚良)으로 1647년(인조 25)에 태어났다.

아버지는 혼(混)으로 통훈대부(通訓大夫) 홍문관(弘文館) 부교리(副校理) 지제교(知製敎)를 지냈다. 공은 1669년(현종 10) 식년(式年) 진사(進士)가 되고, 1671년(현종 12) 정(庭試)에 합격하였다.

관직은 정언(正言)을 지냈다.

신 호(申 澔)

관직은 첨지중추(僉知中樞)를 지냈다.

신유한(申維翰)

관직은 첨정(僉正)을 지냈다.

유시(遺詩)
촉석루 (蟲石樓)

진양성밖 남강물 구비 돌아 흐르는데 (晋陽城外水東流)

대그늘 푸르거니 난초꽃도 곱더구나 (叢竹芳蘭綠映洲)

하늘땅 만 년(萬年)가도 세 분 이름 뚜렷하고 (天地報君三壯士)

우리 강산 삼천리에 이 다락이 제일일세. (江山留客一高樓)

봄 들어 화창하면 엎덴 고기 뛰놀으며 (歌屛日暖潛鮫舞)

가을이라 서리 찰 적 백로 앉아 졸으리라. (劒幕霜侵宿鷺愁)

남방을 바라보니 싸움 다시 없게 되어 (南望斗邊無戰氣)

전진중(戰陣中) 북피리는 풍류기구 되었구나. (將壇笳鼓伴春遊)

신 근(申   )

자는 이원(而遠), 호는 퇴수재(退修齋)이다.

1717년(숙종 43) 식년문과에 병과로 급제하고, 1744년(영조 20)

에 강진현감(康津縣監)으로 있을 때 서자(庶子)를 그곳 부호(富豪)의 딸과 결혼시켜 말썽을 일으켰다. 1751년(영조 27) 지평(持平)이 된 뒤 장령(掌令)을 거쳐 승지(承旨)에 이르렀다.

학식이 높고, 특히 예론(禮論)에 밝았다.

신일청(申一淸)

관직은 비인현감(庇仁縣監)과 홍주진관(洪州鎭管) 병마절제도위(兵馬節制都尉)를 거쳐 승지(承旨)를 지냈다.

신오청(申五淸)

관직은 승지(承旨)를 지냈다.

신의청(申義淸)

자는 청여(淸汝)이며, 소안공(昭安公) 준(浚)의 9대손으로 1692년(숙종 18) 12월 4일 출생하였다.

천성이 중후하여 전야(田野)에 묻혀 80년을 살면서 눈 한번 부릅뜨는 일이 없고 집안을 화순(和順)으로 가꾸어 가니, 사람들이 모두 저 어른은 하늘이 본보기로 보낸 어른이라며 공의 후덕을 찬양할지언정 헐뜯거나 험담하는 사람이 없었다.

고령신씨(高靈申氏)

  1773년(영조 49)에 연세가 80이 되자 추은(推恩)하여 첨지중추부사(僉知中樞府事)로 수직(壽職)을 내리고, 다음해에는 가선으로 품계를 높이고 다음 을미에는 동지중추부사(同知中樞府事)를 제수하고, 1776년(영조 52)에는 가의(嘉義)로 품계를 올렸고, 다음 무술에는 다시 품계를 정헌(正憲)으로 올리고, 1786년(정조 10)에는 숭정(崇政)으로 품계를 올리고, 다음 정미에는 품계를 숭록(崇祿)으로 올리니, 공의 아들 병권(秉權)이 품계보다도 직위를 제수하시라고 상에게 장계(狀啓)를 올렸다.

  그러자 이조(吏曹)에서는 그러한 예는 일찍이 없는 일이라 하여 막으니 상이 이르되 "실로 이는 사족(士族)이다. 나이가 백세인데 지추(知樞)의 직함은 이미 그가 거쳐온 4품직 밖에 더 되느냐? 항차 노인의 일이란 모르는 것이니 추(樞)의 직함에 있어서는 소정의 관직외에 관직을 더 설치해서 노인 한 사람에 한해서 벼슬을 주고 그 아들로 하여금 수록(受祿)하여 그 아버지를 정성껏 봉양하게 하라." 하고 3대를 추증하니, 이는 조정이나 사가나 고령자를 받들어야 한다는 높은 뜻이 담긴 특별한 은전(恩典)이었다.

  공이 백 세가 되니 오위도총부 도총관(五衛都摠府 都摠管)을 제수하고 이를 널리 알리기 위해 서울로 올라와 입궐하라 하였다. 명에 따라 공이 입궐하니 공에게 숙배(肅拜)를 면제하고 걷기가 힘드니 부축하여 어전에 들게 하고 곡배(曲拜)도 면제한 다음 "내가 경을 꼭 보고자 한 것은 경의 수가 백 세에 이르고 또한 자손도 많으니 실은 희귀한 일이기 때문이오. 이는 내가 경을 중히 여기는 까닭이니 경이 말하고자 하는게 있으면 말하시오." 하니 공이 "신이 늙고 아는 것이 없으나 시골에서 생장하여 백성들의 사정은 늘 들어서 아옵니다. 바라옵건대 전하는 반드시 청백한 사람을 골라 감사나 수령을 삼으시면 민생이 태평할 것이옵니다." 하였다.

그러자 상이 "그러면 근자에 백성을 괴롭히는 자가 있단 말이오?" 하니, 공은 "신이 노모(老耗)해서 감히 지적할 수는 없으나 오직 신중히 골라서 사람을 쓰면 생령(生靈)들이 다행이겠습니다." 하였다.

상이 다시 "경이 무엇이고 생각하고 있는 말이 있으면 해 보오." 하니, 공이 "신이 숙종조에 나서 선조(先朝)에서 늙었고 다행히 죽지 않아 금상전하(今上殿下)의 두터우신 은혜를 입어 지척에서 뫼시게 되니 이제 죽는다 해도 한이 없습니다. 삼조화육(三朝化育)의 은혜를 갚을 길이 없으니 연고(年高)하고 자손 많은 복을 우리 원자 아기께 바치겠사오니 원자아기를 뵙게 해 주옵소서." 하였다.

그러자 상이 좋다 하고 공을 금중(禁中 : 대궐안) 연부(蓮府)에 나가 쉬게 한 다음 수(壽) 복(福)의 주머니를 하사하여 품속에 넣고 있으라 명하였다. 이윽고 공이 원자아기를 보고자 내전에 드니 보모가 원자아기를 안고 일어났다. 공이 나아가 원자를 안아보기를 원하니 상이 허락을 하므로 공이 공손히 두 손으로 원자를 안아 본

다음 품에서 수복주머니를 꺼내어 원자의 손에 꼭 쥐어 주었다. 이때 원자아기가 주머니를 받고는 무어라 종알종알하니 상이 크게 기뻐하며 노인의 수와 복을 원자가 이미 삼켰다고 하였다.

공이 퇴궐할 때 상이 사람을 딸려 부축하게 하고 공의 아들 병권을 불러 잘 모시라 일렀으며, 공을 남부여저(南部旅邸)에서 편히 쉬게 하고 진수성찬을 내렸다. 또한 자궁(慈宮)에서는 비단옷 1습을 하사하고 공이 입었던 옷은 장차 원자에게 입히기로 했다.

공이 향제(鄕第)로 돌아갈 제 상은 포백과 진제(珍劑)와 비단 주머니를 하사하고 지방관에 명하여 미포(米布)를 넉넉히 보내도록 하고 또한 내각의 관리를 시켜 하사한 어제서문(御製序文)을 전하도록 하였다. 또한 병권을 보은현감(報恩縣監)으로 제수하여 공을 보살피게 하니 파격적인 은전이었다.

공이 은전 속에 한 해가 지난 어느 날 저녁 모든 자손들을 슬하에 불러 앉히고 "어쩨 몸이 편치 않은게 아무래도 내일은 내가 가려나 보다." 하더니 그 말대로 이튿날 유연하게 고종(考終)하니, 1792년(정조 16) 12월 14일이었다.

신경준(申景濬)

자는 순민(舜民), 호는 여암(旅菴)이다. 귀래정공(歸來亭公) 말주(末舟)의 후손이며, 래의 아들로 1712년에 태어났다.

고령신씨(高靈申氏)

어려서부터 영특하여 기억력이 비상하였으며, 5세에 시경을 읽었다. 일찍이 학문에 큰 뜻을 두어 제자백가의 모든 학설에 정통하고 천문·지리·시문·의학과 복술[卜筮]에까지 미치지 않은 곳이 없었다.

1738년에 소사(素沙)로 이사하여 《소사문답(素沙問答)》을 쓰고 1741년에 직산(稷山)으로 이사하여 《직서》를 썼는데, 그 학문적 견해가 깊고 독특하였다.

1754년에 증광시 문과에 급제하여 승문원에 들어 휘릉별검에 이르고 성균관전적에 올라 다시 병조랑으로 옮기었다.

1760년에 사간원 정언, 이조랑, 사헌부 장령을 거친 후 1762년 봄에 서산 군수로 나아갔는데, 큰 흉년에 창고를 풀고 소금을 구어 조와 바꿔 굶주리는 사람의 구휼에 대비하여 온 경내에 유랑하고 주린 사람이 없었다. 다시 장령을 제수받은 후, 그 해 겨울 다시 장연 현감으로 나가 왕의 명으로 〈민은시〉를 지어 올리니 임금이 그 글을 극히 칭찬하였다. 공이 공무를 행하고 정사를 돌봄에 있어 안으로는 밝고 밖으로는 관대하여 능히 간은(姦隱)함을 굴복시켰다.

1765년에 헌납(獻納), 통례(通禮)를 거쳐 1767년에 사간에 올랐다. 1769년에 종부정(宗簿正)으로 명을 받들어 강도 선원각의 수리를 마치고 고향으로 돌아갔으나 영의정 홍봉한(洪鳳漢)이 왕에게 간하기를 "신(申) 모는 경제에 재능이 있으니 불러서 비거랑을 삼으십시오." 하여 다시 서울로 올라와 《여지편람》의 감수를 맡은 후 다음해에 장악정에 배수되었다. 이 때에 문학의 선비 8인을 뽑아 《문헌비고》를 편찬코자 편집청을 두었는데 공이 〈여지고〉를 맡아 이 해 여름에 책이 완성되니, 왕이 《문헌비고》에 서(序)하여 말하기를 "이 책의 편집은 여암(旅菴)의 공이 컸다."고 말하고 특별히 통정대부 동부승지로 발탁하여 다시 병조참지로 옮기고 〈팔도지도〉를 감수케 하였다.

이외에도 《팔도지도(八道地圖)》와 《동국여지도(東國輿地圖)》를 완성하였다.

1771년 봄에 다시 승지에 제수되고, 곧 북청 부사를 배수하였고, 1773년에 승정원에 들어가 좌승지에 올랐다가 얼마 안 되어 강계 부사(江界府使)로 나가고, 이듬해 1774년 여름에 제주 목사로 바뀌었는데, 공의 나이가 이미 63세라 연로하였음에도 임지에 부임하였다.

1779년에 이르러 드디어 옛집으로 물러나 자연을 소요하며 학문 연구에 침잠하였는데, 다섯 고을을 맡았으나 사사로이 영가(營家)하지 아니하여 가난하기가 이를데 없었으나 의념치 않았다.

1780년에 정조가 세 번이나 승지를 제수하였으나 받지 않고 다음 해 여름 1781년 5월 21일에 별세하였다.

공은 실학자로서 고증학적 방법으로 우리 나라 지리학을 개척하였으며, 학문 연구에 진력하여 많은 저서를 남겼다.

고령신씨(高靈申氏)

신경문(申景汶)

자는 유민(幼閔)이며, 래의 아들로 숙종 44년(1718)에 태어났다. 1740년(영조 16) 증광(增廣) 진사(進士)가 되고, 관직은 도사(都事)를 지냈다.

신광수(申光洙)

자는 성연(聖淵)이요, 호는 석북(石北) 또는 오악인(五嶽人)으로 어성공의 5대손이다.

5세에 이미 글을 지어 주위 사람들을 놀라게 했고, 약관에 고문사(古文辭)를 전공하여 하정(茾亭) 이덕주(李德胄), 국포(菊圃) 강박(姜樸)과 같은 선배들에게 격찬을 받았다. 그렇지만 여러 차례 응시하였으나 유사(有司)의 표면만 보고 권외시하는 악습 때문에 일과(一科)를 얻지 못한 채 오랫동안 빈한하게 지냈다.

하지만 낡은 체제를 일변시켜 고루함을 버린 공의 새로운 시풍으로 그 시명(詩名)이 일대를 풍미하여 방방곡곡 어디에서나 공의 시가 애송되었으며, 공의 이름을 듣고는 얼굴이라도 한번 보고 싶어하는 사람이 많았다.

공은 39세에 이르러 진사(進士)에 올랐고, 49세에 영릉참봉(寧陵參奉)으로 부임하여 여강(驪江)의 산수를 읊어 《여강록(驪江錄)》을 지었다. 53세에는 금부도사(禁府都事)로서 제주도(濟州道)에 갔을 때 그곳의 인심(人心), 산천(山川), 풍속(風俗), 조수(鳥獸) 등을 적고 그들의 회포를 읊어 《부해록(浮海錄)》을 엮었고, 60세에 연천 현감(漣川縣監)에 부임하고, 다음해인 1772년(영조 48)에는 기로과(耆老科)에 장원하여 벼슬이 우승지(右承旨)와 영월부사(寧越府使)에 이르렀다.

당시 수많은 실학파(實學派)의 문인 학사들과 교류가 있었고, 평민계급의 위항문학가(委港文學家)들과의 제휴도 꺼리지 않았다.

공의 산문(散文)은 서사(敍事)에 간명(簡明)하고 기묘하였으며, 그 골격이나 풍신은 한유(韓愈), 구양수(歐陽修)에 가깝고, 시는 사실풍을 지녀 주로 사회문제에 관한 작품이 많았다.

공이 기로과에 장원한 〈관산융마(關山戎馬)〉는 당시에 이미 만국에 널리 알려졌을 뿐 아니라 관서악부(關西樂府)에 올라 관현가곡(管絃歌曲)이 되었다.

이 과시(科詩)의 글제(題)는 두보의 '등악양루탄관산융마(登岳陽樓嘆關山戎馬 : 악양루에 올라 관산의 전쟁을 탄식함)'였다. 이 시는 당나라 시대의 시인 두보(杜甫)가 만년에 천하를 유랑하다가 악주(岳州)의 악양루에 올라 안녹산의 난으로 어지러워진 세상을 한탄한 오언율시이다. 두보의 시에는 전란의 어려움이 구체적으로 표현되지 않고 다만 시인의 눈물로 대신하고 있지만 공의 시는 두보의 시정(詩情)과 그 시대의 어려운 상황, 경관(景觀) 등을 널리 헤아려 시상을 전개하여 표현의 애절함이 더하고 있다.

고령신씨(高靈申氏)

　오늘날 가락을 얹어 서도창법으로 부르는 관산융마는 칠언의 38구로 되어 있는데, 시의 아름다움과 함께 선율이 애절하면서도 격조가 높아 한번 들은 이들은 그 선율의 여운을 잊기 어렵다고 한다.
　옛시인과 가객(歌客)의 정취를 보여주는 한 폭의 산수도와 같은 유려한 작품으로 조선조 시사(詩史)에서 빼놓을 수 없는 수작으로 평가된다.

　　가을 강은 적막하여 물고기조차 차고
　　사람은 서풍을 맞으며 중선루에 있노라.
　　매화는 가득하고 물녘에 젓대 소리 들리니
　　도죽장 짚고 백구를 따라 걷노라.
　　오만의 해질녘에 난간에 기대어 한탄하니
　　북쪽의 전란이 어느 날에나 멈출까.
　　봄꽃도 옛나라에 눈물을 뿌렸으니
　　어느 강산이 나의 수심 되지 않으리
　　버들강아지 가는 버들은 강가에 늘려 있고
　　흰 이슬 맑은 바람은 기주인 듯하구나.
　　청포(靑袍)입고 만리선(萬里船)에 오르니
　　동정호는 하늘빛과 같아 물결이 가을을 알리노라.
　　끝 없는 풀빛이 칠백리에 이르고
　　옛부터 높은 누각이 호수 위에 떠있었노라.

고령신씨(高靈申氏)

가을의 소리는 낙엽지는 가지에서 다가오고

물가의 푸른 풀도 다 스러졌다

풍연(風烟)이 눈에 가득참이었는지

불행히 동남(東南)쪽에 떠다녀 놀았도다.

중원의 여러 곳에 전쟁의 북소리 많으니

두보가 먼저 천하를 근심하노라.

청산의 맑은 물에 과부가 울음 울고

목숙과 포도 밭에 호마(胡馬)가 먹이를 찾는구나.

개원 시절의 꽃과 새는 새장과 수 속에 갖혔으니

울면서 강남의 홍두를 듣는구나.

신광하(申光河)

자는 문초(文初), 호는 진택(震澤), 영조 5년(1729)에 호(澔)의 아들로 태어났으며, 석북공(石北公) 광수(光洙)의 아우이다.

1756년(영조 32) 식년(式年) 진사(進士)가 되고, 1792년(정조 16) 식년시(式年試)에 합격하였다. 벼슬은 승지(承旨)에 이르렀고, 문장에 능하고 시에 뛰어났으며, 명산에 오르기를 좋아해 백두산 등을 유람했다.

고령신씨(高靈申氏)

유시(遺詩)

○ 협구소견(峽口所見)

남치마 촌애기네 목화따러 나오다가 (青裙女出木花田)

지나가는 손님 보고 몸을 돌려 서있구나. (見客回身立路邊)

흰삽사리 따라오다 누렁숫캐 만나더니 (白犬遠隨黃犬去)

제각기 헤어져서 주인에게 달려가네. (雙還却走主人前)

벼슬을 버리고 시골로 가서 (寄浿妓松娘)

시골에서 농사하니 한가한 세월 (耕田消白日)

산에 올라 약초 캐다 청춘도 갔네. (採藥過青春)

물도 산도 좋은데 사는 이 몸은 (有水有山處)

영화도 굴욕도 멀리했구나. (無榮無辱身)

신윤복(申潤福)

자(字)는 입부(笠夫)요, 호(號)는 혜원(惠園)이다. 단원(檀園) 김홍도(金弘道)와 쌍벽을 이루는 조선조의 유명화가이며, 정조(正祖)조의 최고의 풍속 화가이다. 화원(畵員)으로서 벼슬은 첨사(僉使)를 지냈다.

안협공(安峽公)의 8대손 한평(漢枰)의 아들이니, 한평은 안협공(安峽公)의 5대손 정(淸)의 손자인 덕광(德光)의 아들이다. 덕광(德光), 한평(漢枰), 윤복(潤福) 3대뿐만 아니라 후손 모두 누보(漏譜)

되었다. 또한 한평의 당숙(堂叔)인 일흥(日興)과 일흥의 부친 세담(世潭)도 도화서의 화원이었으나 후손과 함께 누보되었음이 고려미술연구소의 이양재(李亮載) 선생에 의해서 밝혀졌다.

시정촌락(市井村落)의 풍속과 여성사회의 맵시에 관한 관찰이 예민하였다. 시정촌락에서 일어나는 풍류와 익살과 가림 없는 인간성을 대상으로 하는 풍속도를 주로 그렸으며, 조화와 사실적 묘사로 당시 유교사회에 대한 예술로서의 저항정신이 특색을 이루어 조선조 풍속화의 대표적 작가로 꼽힐 뿐 아니라, 당시 북경 화단의 모방에 급급했던 사회에서 이런 그림을 그렸다는 것은 시민사회의 각성이자 자아의 발견이었다는 평을 받고 있다.

작품에 〈인물도(人物圖 : 덕수궁 박물관 소장)〉, 〈주유도(舟游圖)〉, 〈단오수변희희도(端午水邊嬉戱圖)〉, 〈사죽유락도(絲竹游樂圖)〉, 〈주막도(酒幕圖)〉 등이 있다.

신상권(申尙權)

자는 사중(師中)으로 1725년(영조 1)에 태어났다.

아버지는 통정대부(通政大夫) 함종(咸從) 도호부사(都護府使), 평양진관(平壤鎭管) 병마동첨절제사(兵馬同僉節制使)를 지낸 경류(慶流)이다.

공은 1753년(영조 29) 식년(式年) 진사(進士)가 되고, 1762년(영조

38) 정시(庭試)에 합격하여 관직은 승지(承旨)를 지냈다.

신치권(申致權)

자는 이중(而中). 택수(宅洙)의 아들로 1722년(경종 2)에 태어났다. 1756년(영조 32) 식년(式年) 진사(進士)가 되고, 1773년(영조 49) 증시(增試)에 합격하여 관직은 승지(承旨)를 지냈다.

신우상(申禹相)

자는 백익(伯益)으로 관직은 양사아장(兩司亞長)을 지냈다.

신응연(申應淵)

자는 사강(士剛)으로 관직은 정언(正言)을 지냈다.

신익빈(申益彬)

관직은 참판(參判)을 지냈다.

신좌모(申佐模)

자는 좌보(左輔), 호는 담인(澹人)으로 고천군(高川君)의 12대손이다.

　1799년(정조 23) 9월 29일에 출생하여 어려서부터 남달리 총명 단아하였다. 1827년(순조 27) 28세에 증광진사시(增廣進士試)에 급제하고 1835년(헌종 1)에 증광문과(增廣文科)에 장원하여 괴원(槐院)에 들었으나 다음해에 모부인(母夫人)이 별세하여 3년 복결하고 1838년(헌종 4)에 원릉별검(元陵別檢)으로 출사하였다.

　1842년(헌종 8)에 전적(典籍)으로 승진하였다가 간관을 거쳐 1845년(헌종 11)에 병조정랑(兵曹正郎)이 제수되고 다음해에는 춘추관에 선입(選入)되어 국사를 편찬하였다.

　1849년(헌종 15) 헌종이 승하하고 이 해 겨울에 집의(執義)로 임명되었는데, 공은 모든 논사(論事)에 정곡을 찌르는 정확함과 날카로움이 있다 하여 다시 사간원(司諫院) 사간(司諫)으로 옮겼다.

　1850년(철종 1)에는 장시관(掌試官)으로 호남에 내려가 선사(選士)에 힘썼고 다시 사국(史局)으로 들어가 헌종실록(憲宗實錄)을 편찬하였다. 1853년(철종 4)에는 홍문관(弘文館) 부수찬(副修撰)을 거쳐 교리(校理)로 승진했고, 1855년(철종 6)에는 진위진향사 서장관(陳慰進香使書狀官)으로 연경(燕京)에 갔다가 익년 봄 복명하여 동부승지(同副承旨)에 특진되고 다시 승자(陞資)하여 통정(通政)이 되었다.

　1857년(철종 8)에 안변부사(安邊府使)로 나갔다가 다음해에 해직되고 고향에 돌아가 수년을 나아가지 않았다. 그러나 1863년(철종

14)에 철종이 승하하니 분곡입경(奔哭入京)한 공은 1865년(고종 2)에 예조참의와 돈녕부 도정(都正)에 임명되었고, 다음해에는 좌부승지로 옮겼다가 형조참의, 부총관 동의금(同義禁)을 했고 다음해에는 병조참판, 동지춘추관사가 제수되었다. 1869년(고종 6)에는 동지경연(同知經筵)을 하고 다음해에는 이조참판(吏曹參判)에 제수되었다가 성균관 대사성(成均館 大司成)으로 전임되고, 1871년(고종 8)에는 공조참판이 되었다가 다음해에는 동지성균관사(同知成均館事)를 제수하였다.

1875년(고종 12)에 한성부좌윤(漢城府左尹)과 동지경연(同知經筵)이 제수되었으나 모두 불취(不就)하였다.

공은 입조 40여 년에 삼조(三朝)를 섬기며 온 정신과 노력을 다하여 보국하였고, 특히 서장관으로 연경에 들어가갔을 때는 연경의 명사 결식(結識)이 공의 문사(文詞)에 감복하여 지금에 한유(韓愈)를 보는 것 같다고 찬양하였다. 1877년(고종 14) 9월에 청원군 가덕면 청룡리 화산(靑原郡 加德面 淸龍里 花山) 본댁에서 영면하니 향년 79세였다.

신응휴(申應休)

자는 응오(應五), 호는 석초(石蕉)이다. 관직은 성균박사(成均博士)를 지냈다.

신직모(申直模)

자는 중립(中立), 호는 만회헌(晩晦軒)이다.

1840년(헌종 6)에 문과에 급제하여 주서, 감찰, 정언, 지평, 전랑, 장령, 집의, 통례, 도정, 승지, 병조참의를 거쳐 대사간에 올랐다.

신득구(申得求)

자는 익재(益哉), 호는 농산(農山)이다.

임헌회(任憲晦)의 문인으로 도학과 경술이 탁월하였으며, 문집 10권이 전한다.

신직구(申直求)

자는 치만(致萬), 호는 초수(樵叟)이다. 문장이 탁월하고 글씨도 뛰어났으며, 평생 학문에 힘쓰고 후진을 양성하는 데 공이 많았다.

신명휴(申明休)

자는 성숙(聖淑)이다.

1894년(고종 31) 동학난에 의병대장으로 호남지방에서 활약하였다.

고령신씨(高靈申氏)

신규식(申圭植)

자는 공집(公執) 호는 예관(睨觀)이며, 보한재공의 제5자 소안공(昭安公)의 16대손이다.

구한국 정3품 중추원 의관(中樞院 議官)인 용우(龍雨)의 둘째아들로, 충북 청원군 가덕면 인차리(忠北 淸原郡 加德面 仁次里)에서 1879년(고종 16)에 태어났다.

1902년 관립한어학교(官立漢語學校)를 졸업하고 육군무관학교(陸軍武官學校)를 졸업하여 참위(參尉)·부위(副尉)가 되었다.

1905년 을사조약(乙巳條約)이 체결되자 망국을 예견하고 음독자살을 기도하였으나 가족들에게 발각되어 뜻을 이루지 못하고 음독의 후유증으로 눈이 사팔이 되었다. 그래서 아호를 흘겨본다는 뜻으로 예관(睨觀)이라 하였다.

그뒤 대한자강회(大韓自强會), 대한협회(大韓協會)에 가입하여 활약하다가 1911년 중국으로 망명하여 손문(孫文)의 신해혁명(辛亥革命)에 가담했다. 또한 중연합단체 신아동제사(新亞同濟社)를 조직하였으며, 1915년 박은식(朴殷植)과 대동보국단(大同輔國團)을 조직하여 잡지 〈진단(震檀)〉을 발간하였고, 1919년 임시정부가 수립되자 의정원(議政院) 부의장에 당선되고 6월에 법무총장(法務總長) 국무총리서리(國務總理署理) 외무총장(外務總長)을 겸임했다. 이 해 중화민국 광동정부(廣東政府)에 대한민국 임시정부(大韓民國

臨時政府)를 승인받았고, 10월에 북벌서사식(北伐誓詞式)에 참석하였다. 1922년에 임시정부에 내분이 생기자 25일간 단식 끝에 서거하였다.

상해 홍교만국공원(上海 虹橋萬國公園)에 안장하고 임정요인(臨政要人) 우천(愚泉) 조완구(趙琬九)씨가 비명(碑銘)을 찬하였다.

1962년 대한민국 건국공로훈장 복장(建國功勞勳章複章)이 수여되었고, 1975년 8월 15일 광복절을 기해 국립묘지에 비를 세웠다.

혈육으로는 딸 한 분이 있는데 명호(明浩)로 전 중국대사(中國大使)인 민필호(閔弼鎬)에게 출가했고, 계자(系子) 준호(俊浩)는 배(配) 해평 윤완희(海平尹完姬)로서 전 대통령 윤보선(尹潽善)의 따님이다.

1988년 9월 5일 천안군 목천면 독립기념관(獨立記念館) 경내에 예관 어록비(語錄碑)를 건립하였고, 1993년 8월 5일 유해를 중국 상해로부터 봉환하여 동 8월 10일 동작동 국립묘지에 안장하였다.

신건식(申健植)

자는 공칠(公七), 호는 삼강(三岡)이며, 보한재공(保閑齋公)의 제5자 소안공(昭安公)의 16대손이다. 1889년(고종 26)에 태어났으며, 예관 규식의 아우이다.

1903년 충북 청원군 가덕면 질마루에다 예관이 설립한 덕남사숙

(德南私塾)에서 수학하였으나 본격적으로 신학문에 접하기 위해 상경하여 관립한성외국어학교(官立漢城外國語學校)에 입학하였다. 남달리 성품이 침착 과묵하고 재질이 뛰어난 공은 문예숙성(文藝夙成)하였다.

그러나 경술합방(庚戌合邦)으로 일제가 이 나라를 마지막 꼬리까지 집어삼키자, 이같은 망국의 실상을 보고 비분을 참지 못해 목숨을 끊으려던 형 예관이 새로운 각오로 조국광복의 대업을 도모키 위해 중국으로 건너가서 손문(孫文) 선생을 도와 무창혁명(武昌革命)에 참여하고 중국지사(中國志士)들의 권호(拳護)를 얻어 상해에 근거가 만들어지자, 공은 형 예관의 연락을 받고 상해에 들어가 공은 교민들의 규합단체인 동제사(同濟社) 창립에 참여하였고 형의 주선으로 항주절강성립 의약전문학교(杭州浙江省立 醫藥專門學校)를 졸업하였다.

1919년 봄에 재외지사(在外志士)들이 상해로 운집하여 임시정부(臨時政府)를 수립하고 대한독립을 선포하자 공은 "우리 대표들이 파리 강화회의에 가서 한국독립을 호소했으니 국내에서도 때를 맞추어 우리 겨레의 전국적 민중운동을 일으켜 일본통치에 반대하고 독립을 요구한다는 굳은 결의를 표시하여 국제적으로 선전토록 해주시오." 하는 내용의 밀서를 휴대하고 동지 방효상(方孝相)과 함께 입국하여 손병희(孫秉熙)와 이상재(李商在)를 만나 접촉하는데 성공하였다.

고령신씨(高靈申氏)

공은 무사히 임무를 마치고 내외종간인 송달용(宋達用)을 시켜 시골집을 판 2백여 원의 군자금을 백씨로부터 받았다. 그리고 아버님이 작고한 지 얼마되지 않았으나 빈소에도 가보지 못하고 신의주까지 갔다가 일본헌병에게 체포되고 말았다. 그러나 공은 끈질긴 인내력으로 사지가 틀어지는 고문에도 자백을 하지 않아 1년 후 무혐의로 석방되었다.

향리에서 요양하여 겨우 걷게 되자 예관형이 위독하다는 소식을 듣고 불편한 몸으로 다시 중국으로 건너가 계속 광복의 대업에 참여하여 임시정부의 의정원 대의원(議政院 代議員)이 되고 중국 정규군 장교로서 황포군관학교 의무관으로도 있었다.

중일전쟁 중에는 임정을 따라 중경(重慶)으로 옮겨 임시정부 재무부차장을 역임하며 김구, 이시영, 박찬익, 조완구 제공들과 동모협찬(同謨協贊)하여 광복을 맞이했다. 광복후 주중대표(駐中代表)로 있다가 귀국하여 1955년 3월 14일 서거하니 향년 65세였다.

신홍식(申洪植)

호는 동오(東吾)이며, 보한재공(保閑齋公)의 제5자 소안공(昭安公)의 16대손이다.

1887년(고종 24) 3월 1일 충북 청원군 가덕면 인차리에서 출생하였으며, 어려서부터 성품이 쾌활하고 의지가 견고하여 한번 하고자 한 일은 기어이 하고야 말았다.

특히 두뇌가 명석하여 어려서 한문을 수학할 때도 월등하게 재기를 보여 인근에서 재동이라고 칭송했다. 16세 때 부친이 별세하여 편모 슬하에서 가업에 종사하다가 30세 때에 뜻한 바 있어 기독교 신자가 되어 신앙생활을 시작하였다.

그후 서울 협성신학교(協成神學校)에 입학하여 열심히 면학하고 1913년에 졸업하여 충남 공주 감리교회 목사로 취임하였으며, 1919년에는 평양 남산현 교회(平壤南山峴敎會)로 전임하여 교역사업에 전력하였다. 1919년 2월 14일경 정주 오산학교(定州五山學校)의 설립자 이승훈(李昇薰) 선생이 평양에 와서 공과 길선주(吉善宙) 목사를 만나 3·1운동계획과 선천(宣川)에서 동지들이 결합한 일을 설명하니 공은 참가할 것을 승낙하고 동월 20일 서울 수창동 박희도(朴熙道)댁에서 이승훈, 오화영(吳華英), 정춘수(鄭春洙), 오기선(吳箕善) 등과 회합하고 독립운동에 관한 방침을 논의하였다.

그리하여 공은 민족대표 33인 중의 한 사람으로 독립선언서에 서명하고 3월 1일 오후 2시 종로 태화관(泰和舘)에 집합하여 선언식을 거행하고 일본 관헌에게 체포되어 서대문형무소에서 2년 6개월 형을 복역하고 출감하였다.

공은 출옥한 그 해에 인천 내리감리교회 목사(仁川內里監理敎會牧師)로 취임하고 1927년에는 강원도 원주지방감리사(原州地方監理司)로 취임하여 이곳 저곳에서 교역 사업을 하면서 언제나 민족정신을 굽히지 않고 교우 및 신자들에게 그 정신을 고취하기에 전력하였다. 그로부터 일경형사가 계속 공의 뒤를 따랐고 유치장에서 고생한 적이 한두 번이 아니었다.

일제의 법정에서 재판장이 "한일 합방에 대한 피고의 의견은 어떠한가?" 하고 물으니 공은 "물을 것도 없는 것이오. 처음에는 하느님의 뜻으로 된 것이니 어찌하나 하고 참고 있었는데 차차 일본 정부의 잔혹하고 비인도적인 태도와 총독정치의 압박과 핍박이 시시각각으로 고통을 주어 견디지 못하게 절박하여지니 그저 있지를 못함에 이르렀소. 그에 따라 조선 독립의 사상이 날로 더 가슴 속에 부글부글 끓게 되었소." 라고 대답하였다.

이와 같이 조국의 독립과 민족의 자유를 위하여 백절불굴하다가 조국의 광복을 못 보고 1937년 향년 66세로 하세하였다.

1962년 대한민국 건국공로훈장 복장이 추서되었다.

신재모(申宰模)

호는 능해(凌海)이며, 정은공(靜隱公)의 17대손으로 1885(고종 22)에 경북 칠곡군 북삼면 율동에서 출생했다.

1905년 매국오조약(賣國五條約)이 체결되고 5년 후에 통한의 경술국치(庚戌國恥)를 당하자 항일 독립운동에 헌신하기로 하고 독립정신 고취와 민주국가관을 정립키 위한 계몽지 〈농촌(農村)〉을 발간하여 지식청년들을 규합하여 영남 일대의 문맹퇴치 계몽운동을 펴는 한편, 대구청년회(大邱靑年會), 대구농민회(大邱農民會), 정오회(正午會) 등 항일단체를 조직하여 박열(朴烈), 장진홍(張鎭弘), 이상화(李相和) 등 많은 지식 청년들을 지도, 구국운동에 참여케 하였다. 그리고 대구고보(大邱高普) 학생들을 중심으로 한 혁진단(革進團)을 조직하여 항일 학생운동을 지도하였다.

또한 일본 군수품의 대륙 수송(大陸輸送)을 둔화·저지시킬 목적으로 대구노동공제회(大邱勞動共濟會), 대구노동친목회(大邱勞動親睦會), 용진단(勇進團), 철성단(鐵城團) 등을 조직하여 철도운수의 총파업을 지도, 경부선을 7일간 마비시켰고, 또한 대구노동학원(大邱勞動學院)을 사재로 설립하여 회원 자녀들을 교육하였다.

1925년에는 전항일단체(全抗日團體)를 통할하는 진우연맹(眞友聯盟)을 조직하여 동경에 있던 박열의 흑우회(黑友會)를 지원하는 한편 파괴단을 조직, 적의 요인암살과 전관서의 폭파를 계획했다가 거사 직전에 탐지되어 서동성(徐東星), 방한상(方漢相), 서학이(徐學伊), 하종진(河鍾璡), 김동석(金東碩) 등 120여 명의 청년동지들과 피검되어 7년간 옥중투쟁을 하였다. 1934년에는 만주 길림(吉林) 지방에서 자치농장을 세워 실향민 백여 호를 수용, 독립사상을 고취하였다. 그후 임시정부로 망명 도중 피검되어 2년간 옥고를 치렀다.

광복 후 독립노농당 중앙감찰위원장에 추대되었으며, 1958년 6

월 15일 향년 74세를 일기로 서거하였다.

대한민국 정부의 건국공로 표창을 받았다.

신경식(申耕植)

자는 준명(濬明), 호는 예암(豫庵)이니 귀래정공(歸來亭公)의 17대손이며 이계공(伊溪公)의 15대손이다. 1876년에 용우(龍雨)의 장남으로 태어났다.

문학(文學)에 독실하고 효친(孝親)에 정성이 지극하였으며 동기간의 우애도 돈독하였다.

늘 우국(憂國)의 충정이 드높았던 공은 격동기였던 1919년(기미년) 2월 고종이 붕어하였다는 비보를 접하자 의분을 금치 못하여 동지 3~4인과 함께 인산일(因山日)에 맞추어 서울에 올라가 탑동공원의 독립만세 운동에 참가하였다. 여기서 3·1 독립선언문을 버선 속에 숨겨 귀향하여 동지들과 장성 모현리에서 독립만세 운동을 전개하기로 숙의한 끝에 음력 3월 3일을 택하여 화전놀이를 빙자하여 전 동민(洞民)을 촛대봉에 집결시켜 독립선언문을 낭독하고 이어서 독립 만세를 소리높이 외쳤으며, 다음날 부터는 연일 장성 사거리로 집결하여 인근 동민 수천 명의 합세하에 왜헌(倭憲)들의 무자비한 진압에도 굴하지 않고 태극기를 흔들며 독립만세를 불렀다.

공은 이후 모현리에 오북의숙(鰲北義塾)을 설립하여 교장으로 취임하고 민족주체사상을 함양하는 후세 교육에 힘쓰던 중, 오복의숙을 사거리공립학교와 합병하라는 왜의 강권을 받자 오복의숙을 폐교하고 합병에 불응하였다.

그후 상경하여 임시정부의 김구(金九)와 연락하여 정치자금을 모금하다가 왜경에게 체포되어 1년 2개월의 옥고를 치르었다. 출옥 후 귀향하여 민족의 독립을 갈망하다 1934년 음력 3월 27일에 별세하였다.

삼일사(三一祠)에 애국 열사 13위를 배향하였는데 공을 주벽(主壁)으로 모셨다.

신상우(申商雨)

자는 성도(聖禱), 호는 후송(後松)이다. 1889년 석휴(錫休)의 2남으로 태어나니 애국열사 신경식(申耕植)과는 사종숙질간(四從叔姪間)이다.

공은 기미년(己未年)에 경식(耕植)을 비롯한 동지들과 함께 상경하여 3·1 독립만세 운동에 참가하고 귀향한 후 바로 태극기와 독립선언문을 만들어 주민들에게 은밀히 배포하고는, 음력 3월 3일을 기하여 화전(花煎)놀이를 가장하고 촛대봉에 모여 독립선언문을 낭독한 후, 태극기를 흔들며 독립만세를 소리 높이 외쳤다.

다음날은 장성 사거리에 집결한 수천 명의 군중과 함께 독립만세를 외치며, 그중 3백여 명을 거느리고 왜의 헌병 초소를 습격하였다. 이에 출동한 왜군 헌병들에게 많은 동지들이 체포되고, 공도 왜헌병에게 체포되어 1년의 징역을 선고받아 옥고를 치르고 환가(還家)하였다.

그후 신학문에 정진하며 후진 양성에 힘을 쏟았다.

해방 후 국가 유공자로 대통령표창을 받았고, 삼일사(三一祠)에 배향되었다.

신태식(申台植)

봉우(鳳雨)의 둘째 아들로 1890년 태어났다. 애국지사 경식(耕植)의 종제(從弟)이며 귀래정공(歸來亭公)의 17대손이자 이계공(伊溪公)의 15대손이다.

공은 천성이 강직하고 부모에 대한 효성이 지극하였다.

1919년 3월 신경식(申耕植)의 주도 아래 장성 모현초당(茅峴草堂)의 선비 정신으로 거사된 음력 3월 3일의 촛대봉 독립만세 운동에 참여하였는데, 이날 유상설(柳相卨), 고용석(高龍錫), 유상학(柳相學), 신종식(申鍾植) 등이 왜헌에게 체포되었다.

공은 동지들의 구출을 위해 문중의 어른들을 비롯한 동지들과 숙의하고, 3월 4일 북이면 사거리 시장에 운집한 수천 군중을 유도하여 무명베로 만든 태극기를 앞세우고 거센 함성으로 만세를

고령신씨(高靈申氏)

부르며 헌병 주재소를 습격하였다. 이에 출동한 왜헌병의 총검에 맨주먹으로 맞서 많은 부상자가 속출하였으며, 공도 체포되어 1년의 옥고를 치르었다.

1920년 4월 환가하여 종형 경식(耕植) 공을 도와 오북의숙(鰲北義塾)을 설립하여 그후 신학문을 익히고 후진들에게 민족 의식을 고취시키는데 정열을 쏟았다.

후에 애국지사로 대통령 표창을 받았으며, 삼일사(三一祠)에 배향되었다.

신국호(申國浩)

1900년 장성에서 병식(昞植)의 장남으로 태어나 백부(伯父)인 독립의사 경식(耕植)에게 출계(出系)하였다.

공은 천성이 강직하고 과묵한데다가 학문을 통해 대의의 지중함을 알아 스무살 나이에 비해 모든 행동거조가 노성하였다.

기미년 독립만세운동이 장성(長城)에서 부친을 비롯한 당내(堂內) 어른 상우(商雨), 태식(台植)공과 애국선비들의 주도로 거사되자, 약관의 나이에 동지들과 태극기를 만들어서 음력 3월 3일 모현리 일대를 돌며 동민들을 촛대봉으로 유도하여 독립만세 거사에 참여하였고, 다음날 장성 사거리에 운집한 수천 군중의 선봉에 서서 태극기를 높이 세우고 대한 독립만세를 부르며, 전날 체포된

유상설(柳相卨), 고용석(高龍錫), 유상학(柳相學), 신종식(申從植) 제씨(諸氏)를 구출하기 위해 왜헌병 주재소를 습격하였는데, 출동한 왜헌병에게 동지들과 함께 체포되어 1년의 옥고를 치뤘다.

출옥 후 귀향하여 신학문에 더욱 정진하였으나 옥고로 인한 피로와 쌓이고 쌓인 울분이 병이 되어 3년 후 24세의 꽃다운 나이로 세상을 떠났다. 삼일사(三一祠)에 배향되었다.

신창우(申彰雨)

중국망명 당시의 호는 뇌호(賴湖)요 별명은 신악(申岳) 또는 이동화(李東華)이다. 1890년 5월 18일 안협공(安峽公)의 13대손인 병휴(炳休)의 장자로 태어났다. 공은 일찍이 상해(上海)로 건너가서 의열단에 가입하여 활약하였고, 그후 황포군관학교(黃埔軍官學校)를 4기로 졸업하고 중국군에 입대하였다. 그러나 의열단 활동을 위하여 중국 군적을 버리고 1935년 4월 강녕현 황룡산 천녕사(江寧縣 黃龍山 天寧寺)안에 설치된 의열단의 한국혁명군 간부양성훈련반의 교육주임을 맡아 군사훈련에 전념하였다. 또한 조선혁명당에 입당하여 중앙검사위원에 선출되었으며, 1936년에 3당 통합으로 민족혁명당이 결성되자 서기부 재무과장(書記部 財務課長)을 담당하기도 하였다.

1938년 10월 전쟁지구 한구(漢口)에서 조선의용대(朝鮮義勇隊)가 성립되자 공은 의열단 동지들과 함께 가입하여 중국군과 함께 항일전에 참전하였다. 1940년에는 조선의용대 본부 기요조장(機要組長)에 임명되고, 1941년에는 김원봉(金元鳳) 휘하의 부대장의 직책을 맡아 활동하였다. 1942년 조선의용대가 임시정부의 권유로 광복군에 통합되자 광복군 중교(中校)로서 제1지대에 편입되어 대부(隊附)의 직을 맡았다.

그후 광복군에서 계속 활동하다가 조국의 광복을 보지 못한 채 1944년 3월 7일 이역 중국의 서주(徐州)에서 전사하였다. 정부에서는 공의 공적을 인정하여 1963년 8월 15일 대한민국 건국 공로훈장을 추서하였다.

신흥우(申興雨)

1883년에 출생하였다.

어려서 한학(漢學)을 배우다가 개화사상(開化思想)에 눈을 뜨고 배재학당(培材學堂)을 졸업한 후 1896년 서재필(徐載弼), 이승만(李承晩) 등과 협성회(協成會)를 조직하고 근대화운동을 벌였다. 그후 미국에 가서 남가주대학(南加州大學)을 졸업하고 귀국하여 1911년 배재학당의 제3대 교장이 되고 YMCA간부로서 기독교를 통한 민족운동에 투신했다. 1920년 조선체육회 창립발기인으로 참가했고 이어 제7대 조선체육회장에 선임되었으며, 1927년 이상재(李商在) 등과 신간회(新幹會)를 조직하여 민족운동을 지도했으며 1930

고령신씨(高靈申氏)

년 모교에서 법학박사학위를 받고 1932년 YMCA총무가 되어 종교운동과 청년운동에 헌신했다. 해방후 특명전권대사(特命全權大使) 겸 주일대표부 대사를 지내고, 1949년 제 4대 대한체육회장이 되었다.

1920년 20여 차례에 걸쳐 기독교 관계의 국제회의에 한국대표로 참가했다. 1959년에 졸하였다.

신백우(申伯雨)

1887년에 태어났다.

1901년(광무 5) 15세에 성균관(成均館)에서 주역(周易)을 배우고 1907년(융희 1) 신민회(新民會), 경성청년학우회(京城靑年學友會)에 가입했다. 1911년 만주로 망명하여 이듬해 봉천(奉天)에서 대동청년단(大同靑年團)에 가입하고 1918년에 귀국했다. 이듬해 대종교에 입교하고 3·1운동에 참가한 후 다시 만주로 건너가 서로군정서(西路軍政署)의 참모(參謀)가 되었다.

신흥무관학교(新興武官學校)에서 군사학을 연구하고 1920년에 귀국하여 노동공제회(勞動共濟會)에 가입하고 공제잡지(共濟雜誌)의 주간(主幹)으로 있었다. 1922년에는 윤덕병(尹德柄), 이수영(李遂榮), 이승복(李承馥), 한기병(韓基秉) 등과 비밀결사 화요회(火曜會)를 조직하고, 이듬해에는 무산자동맹(無産者同盟), 서울청년회,

고령신씨(高靈申氏)

노동총동맹(勞動總同盟) 등 각 단체의 간부로 활약하면서 독립운동에 헌신하였다.

1959년에 졸하였다.

신채호(申采浩)

호는 단재(丹齋)이며, 보한재공(保閑齋公)의 제4자 고천군(高川君)의 17대손이다. 충남 대덕군 산내면 어남리, 현 대전시 중구 어남동에서 1880년(고종17)에 출생하여 충북 청원군 낭성면 귀래리 (忠北 淸原郡 琅城面 歸來里)에서 성장하였다.

일곱 살이 되던 해에 아버지 광식을 잃는 슬픔을 겪었으며, 할아버지 성우에게서 양육되었는데, 조부는 마을에서 서당을 열고 글을 가르치며 한편으로는 손주에게 본격적으로 한학을 가르치기 시작하였다. 공의 재능은 이때부터 발휘하기 시작하였는데, 아홉 살에 중국역사인 《통감》을 통달하였고, 이후 삼국지와 수호지 등을 거침없이 읽어나갔다. 또한 열 살 무렵에는 한시에도 특출한 재능을 보이기 시작하였는데, 써레와 쟁기를 지고 나가는 할아버지의 모습을 보고 지은 시와 연을 날리면서 지은 시가 있다.

이른 아침에 써래와 쟁기를 지고 들로 나가세. (朝出負而氏)
논을 갈아 나가니 흙덩이가 많이도 일어나네. (論去地多起)

고령신씨(高靈申氏)

높게 혹은 낮게 날림은 바람의 세고 약함에 있고 (高低風强弱)

멀리 혹은 가까이 날림은 실의 길고 짧음에 있구나. (遠近絲長短)

이렇게 점차 학문의 정도가 성숙되어가던 즈음에 아버지처럼 항상 따뜻하게 보살펴주던 형 재호가 공의 나이 13세 때 세상을 떴다. 16세가 되던 해에 주위의 권유에 의하여 풍양조씨를 아내로 맞이하여 혼인을 하였고, 17세에는 진사를 지낸 신승구의 집에서, 19세에는 목천의 신기선의 사저를 드나들면서 한학을 익힌 후 신기선의 추천으로 19세에 성균관에 입교하게 된다. 성균관에 입교한 단재는 이종원, 이남규 아래에서 수학을 하며 훗날 이름을 날리는 변영만, 김연성, 유인식, 조용은 등과 교유하게 된다.

공은 독립협회가 서울에서 개최한 만민공동회가 절정을 이루던 1898년 독립협회에 가입하여 활동하였는데, 당시 내무부 문서부 소속으로 일하면서 이 부서에서 이상재, 신흥우, 김규식 등을 만났다. 독립협회의 운동이 힘차게 진행될수록 정부의 탄압도 심해져 결국에는 공도 여러 사람들과 함께 검거되어 투옥되었다. 신기선의 후원으로 석방은 되었지만, 이미 독립운동에 마음을 둔 공은 1901년 고향 근처 인차리에 신규식, 신백우와 함께 문동학교를 세워 젊은 청년들을 교육하였다.

1904년 고향에 있던 공은 이하영 등이 황무지 개간권을 일본에 팔아먹었다는 소식을 접하고 성균관으로 다시 올라와 항일성토문을 작성하고 성균관 학생들과 함께 항일성토 월기를 하였다.

1905년에는 성균관 합시에 합격하여 성균관 박사를 받았지만, 곧 고향으로 다시 내려와 계몽운동을 계속하였다. 그러던 중 〈황성신문〉의 발행에 참여하던 장지연의 권유로 황성신문 논설기자로 언론계에 발을 들여놓게 된다. 황성신문에서의 공의 필치는 예리하고 강렬하여 독자들의 관심을 한데 모았고, 이후 언론인으로서의 활동을 가능하게 하였다. 1905년 을사5조약을 비난하는 장지연의 그 유명한 '시일야방성대곡'이 황성신문에 인쇄되고 난 뒤 황성신문은 무기 정간되었다.

이러한 상황에서 그 신문의 총무를 맡고 있던 양기탁이 공을 〈대한매일신보〉의 논설기자로 초빙하였다.

〈대한매일신보〉에서도 공의 글들은 세상의 중요한 이야기거리였다. 공은 그 옛날 나라를 구했던 영웅들을 다시 살려내 현재의 나라를 구하고자 하여 〈이순신전〉, 〈을지문덕전〉, 〈최도통전〉 등의 글을 발표하였다. 이 글 모두는 서두에서부터 풍전등화와 같았던 나라의 운명을 건지려는 공의 소망이 한껏 들어간 명문들이었다.

역사가로서, 문학가로서 다방면에 걸친 공의 재능이 돋보이기 시작한 것도 이때였으니, 대한매일신보에 '독사신론', '천희당시화', '소설가의 추세' 등을 발표하여 여러 분야에 관한 자신의 관점을 독자들에게 선보였다. 그러다가 1910년 1월 6일자 신문에

고령신씨(高靈申氏)

'한일합방론자들에게 고함'이라는 글을 마지막으로 하여 국내에서의 활동을 접고 안창호 등과 함께 중국으로 망명을 하게 된다.

1910년 봄 신민회 간부들은 점점 심해지는 일제의 탄압에 대한 대응책을 논의하는 비밀회의를 열었다. 이 회의에서 신민회는 어려워진 국내에서의 독립활동을 접고 국외로 나가 독립운동의 기지를 건설하기로 결정하였는데, 그 구체적 사업이 서북간도를 비롯한 시베리아, 미주 등 국외에 무관학교를 설립하고 나아가 이들 지역에 동포들을 이주시켜 항일운동의 근거지를 만드는 것이었다. 1910년 4월 8일 일단 국내를 빠져나가 중국 청도에서 만나자는 계획에 따라 공은 안정복의 《동사강목(東史綱目)》만을 들고 김지간과 국경을 넘어 신민회 회의가 열리는 청도로 갔다. 향후 독립운동의 방향을 결정할 중대한 회의였던 청도회의는 독립운동에 대한 점진론과 급진론이 대두된 회의였고, 따라서 여러 대안이 치열하게 맞섰다.

일주일 동안 진행된 청도회의에서 결정된 사항은 길림성 밀산현에 사관학교를 설립하고, 모든 독립운동의 기지를 그 곳에 두기로 하자는 것이었다. 그러나 이종호의 출자금과 각처의 성금을 통하여 농토도 마련하고 무관학교도 세우려던 이들의 노력은 이종호의 포기로 결국 실패하고 망명인사들은 뿔뿔이 흩어졌는데, 공도 러시아 블라디보스톡으로 건너갔다.

블라디보스톡에서 공은 〈해조신문〉, 〈청구신문〉, 〈권업신문〉,

고령신씨(高靈申氏)

〈대양보〉 등의 발행에 참여하면서 항일운동을 계속해나갔다.

몸을 돌보지 않는 활발한 활동은 몸의 쇠약을 가져왔고, 상해의 신규식이 이러한 모습을 보다 공을 불러들였다. 몸의 기력을 회복하게 된 공은 신규식이 운영하던 동제사에 잠시 머물면서 신규식의 도움으로 박달학원을 개설하고 청년들을 가르쳤다. 박달학원은 단군의 얼을 살려 민족의 살 길을 찾아보려는 의식으로부터 시작한 교육기관이었다. 이 학원의 강사로는 문일평, 홍명희, 조소앙, 신규식 등이 초빙되어 교육을 담당하였다.

중국 망명 중 1914년 역사의식의 대전환을 맞는 기회를 갖게 되었는데, 공이 윤세용·윤세복 형제의 초청으로 그들이 창설한 동창학교(東昌學校) 운영에 참여하기 위하여 환인현으로 갔던 길에 윤세복·신백우·김사·이길룡 등과 함께 백두산을 거쳐 만주를 돌아가는 대여행을 가졌던 것이다. 백두산과 광개토대왕릉 등의 여행은 공에게 대고구려적인 사고를 갖게 하는 귀중한 경험을 주었으며, 구상하던 고대사에 관한 새로운 인식이 시작되고 구체화될 수 있는 기회였다.

이후 이상설·신규식·박은식·유동열·조성환·성낙형·이춘일 등과 함께 '신한혁명단(新韓革命團)'을 조직하고 활동을 전개하지만, 이 조직의 활동이 실효성이 없음을 알고 역사연구와 문학적인 창작에 몰두하였다. 이러한 노력으로 1916년 봄에 북경에서 중편소설 〈꿈하늘〉을 탈고하였는데, 이 작품은 나라의 독립운동전개를 상징적 수법으로 극화한 대표적 소설이다.

단재는 이 기간동안 대종교(大倧敎)운동에도 적극 가담하였는데, 대종교의 제1대 교주 나철이 구월산에서 일본 정부에 보내는 긴 글을 남기고 자결하자 그 비통한 심사를 '도제사언문(悼祭四言文)'을 지어 바치며 달랬다. 그후 제2대 교주 김교헌과 함께 대종교 교육에 참여하였으며, 이 일에는 유근·박은식 등이 함께 하였다. 후일 공의 《조선상고사》는 대종교의 교본이 되기도 한다.

이후 아끼던 제자 김기수의 죽음과 조카 향란의 혼인 문제로 국내에 잠입하였다가 돌아온 후 북경의 보타암에 기거하며 역사연구에 매진하였다. 이때 벽초 홍명희는 남양군도에서 3년간 방랑생활을 마치고 돌아온 후였는데, 공의 숙소를 자주 들르며 평생동안의 남다른 우정을 나누게 된다.

한편, 공은 임시정부의 수립에도 적극 참여하였는데, 임시정부의 초대 수반으로 이승만이 거론되자 공은 "그가 없는 나라마저 팔아 먹었으니, 있는 나라를 팔아먹은 이완용보다 더 나쁘다."며 격렬하게 반대하였다. 그러나 공의 뜻과는 달리 의정원회의에서 이승만이 대통령으로 추대되자 의정원 전원위원회 위원장을 사임하고 임시정부내의 준비론과 외교론에 대한 성토에 나섰다. 또한 임정이 발행하던 〈독립신문〉에 맞서 〈신대한〉을 창간하고 임정의 잘못된 노선을 비판하는 소위 '신대한 사건'을 주동하였다

1918년 12월에 만주 동삼성(東三省)에서 활동하던 중광단(重

光團)이 중심이 되어 국외의 독립운동 지도자 39명의 명의로 '대한독립선언서'가 발표되었다. 공은 보통 '무오독립선언'이라고도 불리는 이 독립선언에 주요 인물로 참여하였는데, 이 선언서는 무력투쟁이 유일한 독립운동 방법임을 선언하여 2·8독립선언이나 3·1독립선언과는 내용적으로 달랐다.

1919년부터는 국내에서 발생한 3·1운동의 여파로 중국에 망명해 있던 독립운동가들이 상해에 모여 통합된 임시정부를 구성하기 위한 논의에 들어갔다.

공은 그외에도 대동청년단(大同靑年黨)을 재건하여 그 단장으로 추대되기도 하였고, 대한독립청년단 단장, 신대한동맹단(新大韓同盟團) 부단주로 활발한 활동을 펴는 한편, 프랑스 조계 의영학교(義英學校) 교장이 되어 청년교육에 앞장서기도 하였다.

공은 임시정부와 맞섰던 신대한 사건을 계기로 상해 임정과 결별한 후 북경으로 돌아와 항일운동에 매진하였다. 보합단(普合團) 조직에 참여하여 내임장(內任長)으로 추대되어 활동하는가 하면 독립운동의 행동대였던 '다물단(多勿團)'의 고문으로도 활약하였다. 다물단은 우당 이회영의 조카인 이규준이 몇몇 동지들과 만든 무장독립운동단체로 다물은 조국의 광복이라는 의미를 가진 말이었다. 공은 이 다물단의 조직과 선언문 작성에 도움을 주었다.

1922년에 김원봉이 이끌던 의열단에 고문으로 가입한 단재는 의열단 선언인 '조선혁명선언'을 작성한다. 일제에 대한 비타협적

고령신씨(高靈申氏)

인 폭력투쟁으로 일관하는 의열단은 공의 운동정신에도 부합하였기 때문에 흔쾌히 6천 4백여 자에 이르는 이 선언서를 작성하게 된다.

공은 조국 독립운동의 결실을 민중혁명으로써 이룰 수 있다고 판단하고, 1924년 북경에서 처음 결성된 재중국 조선무정부주의자 연맹의 기관지인 〈정의공보〉에 논설을 실으면서 무정부주의 운동에 관심을 나타냈다. 이후 단재가 관여하였던 통일전선체 신간회 운동이 무산되자 단재는 더욱 무정부주의 운동으로 경도된다. 1927년 남경에서 수립된 무정부주의 동방연맹에 가입하였으며, 무정부주의 기관지인 〈탈환〉, 〈동방〉 등의 잡지에도 관여하며 적지 않은 글을 기고하였다. 그리고 1928년 4월 조선인 무정부주의자들의 베이징 동방연맹대회부터 본격적으로 무정부주의 혁명운동에 참여한다.

1920년에 재혼한 부인 박자혜와 아들 수범을 불러 얼굴을 본 단재는 무정부주의 운동의 본격적인 활동을 위하여 공작금 마련을 위한 투쟁에 나섰다. 결국 외국 위조지폐를 만들어 이를 폭탄제조소 설치에 사용하는 방법을 택한 공은 중국인 유병택이라는 가명으로 일본에서 이 위폐를 교환하려 하였으나 발각되어 대만 기륭항에서 체포되고 2년 동안의 재판을 통하여 징역 10년형을 선고받고 여순감옥에 수감되었다.

그리고 형기를 3년 정도 앞두고 병이 악화되어 결국 1936년 2월 21일 뇌일혈로 순국하였는데, 순국 이전에 병보석으로 감옥문을 나설 기회가 있었지만, 보증인이 친일파라는 이유로 거부하였다.

공은 우리 나라 언론의 선구적인 역할을 하였고 민족사관(民族史觀)의 토대를 이룩하였다.

1962년 대한민국 건국공로훈장 복장이 수여되었고, 천원군 목천면 독립기념관 경내에 전국 종친들의 성금으로 단재 어록비(語錄碑)를 건립하였다.

단재공 일화(丹齋公逸話)
○ 당나라 사람의 시를 읽다

공이 당나라 사람이 쓴 시를 읽다가 '4월 남풍에 보리가 누렇게 익어(四月南風大麥黃)' 하는 대목이 나오자, '거참 이상하다. 지금은 분명 4월이고 저 들판의 보리가 새파란데 어찌 누르다고 할까?' 하며 머리를 갸우뚱하였다. 그러고는 얼른 붓을 들어 '4월 남풍에 보리가 더욱 푸르다(四月南風大麥青)'로 고쳐 놓았다. 소년 단재의 총명하고 고집스러운 면이 보이는 일화이다.

○ 부자에게 맞서다

식량이 떨어져 며칠을 굶다 못해 이웃에 사는 부자집 대문을 단재는 두드렸다.

"이리 오너라."

"웬일이오?"

고령신씨(高靈申氏)

"다름이 아니라 이 집의 남는 식량을 조금 빌릴까 합니다. 후일 반드시 갚겠습니다."

본시 돈을 모은 사람일수록 남에게 베푸는 일을 좋아하지 않는 터라, 거지 행각의 이 손님이 부자에게는 반가울 리가 없었다.

"지금 손님이 있으니 몇 시간 후에 다시 오는 게 어떻겠나?"

시큰둥한 말투로 이야기하는 품이 거절을 못하여 적당히 미루는 것 같았다.

단재는 무안하여 얼굴이 확 달아올랐다. 그래도 약속한 몇 시간 후 그는 다시 이 집을 찾았다. 오기도 한데다가 사실 당장 굶어 쓰러질 판이어서 앞 뒤 가릴 게 없었다.

이번에는 주인 아닌 다른 사람이 나왔다.

"안됐습니다. 우리 주인님께서는 조금 전에 다른 볼일이 생겨 인근 마을에 출타중이십니다. 조금만 일찍 오시지 그랬어요?"

이 말에 단재는 바람같이 주인이 갔다는 동네로 발길을 돌렸다. 그런데 거기서도 방금 다른 마을로 갔다고 했다. 그는 또다시 주인의 뒤를 쫓았다.

허겁지겁 뒤쫓아간 그는 인근 마을 입구에서 비로소 그 부자와 만날 수 있었다.

"아까 저와의 약속은 어떻게 된 겁니까?"

"이 사람아, 그렇다고 예까지 무엇하러 찾아와?"

단재는 분노에 찬데다가 쉬지 않고 뛰어오느라 아직도 가쁜 숨을 헐떡이고 있었다.

"······."

"밤이 깊었소만, 우리 집 사랑에 가서 기다리면······."

부자의 지연 전술에 그는 더 이상 참을 수가 없었다. 순간 단재는 번개 같이 달려들어 부자의 갓과 상투를 움켜쥐었다. 불 같은 성미인 10대 소년의 손에서 갓은 발기발기 찢겨져 땅에 내동댕이쳐졌고, 상투는 뜯기어 풀어 헤쳐진 머리칼이 아무렇게나 흘러 내렸다.

"당신 따위를 상대하느니 차라리 굶어 죽는 게 더 낫다. 이제 정신이 좀 드는가? 재물보다는 사람이 더 중요하다는 걸 이 기회에 똑똑히 알아두라구."

단재는 큰 소리로 부자를 꾸짖었다. 갑자기 봉변을 당해 끌이 말이 아닌 부자는 밤중이라 보는 사람이 없어 다행이라고 여기며 줄행랑을 놓았다. 우발적으로 저지른 일에 단재는 이내 자신이 너무 흥분하였던 점을 후회하였다. 없는 자의 슬픔, 딱한 처지에 대한 반발이 아닐 수 없었기 때문이었다. 큰 일에나 작은 일에나 비위에 거슬리거나 사리에 벗어나도록 푸대접을 받는 경우 그는 불같이 날뛰었다.

○ 재상 신기선과의 관계

재상을 지낸 신기선의 사저를 드나들면서 책을 읽던 때의 일이다. 단재는 채 일 년도 되지 않는 짧은 시간에 할아버지로부터 배운

고령신씨(高靈申氏)

속독법으로 신기선의 사저에 있는 책을 독파하였다. 이 말을 듣고 신기선은 단재의 재능을 시험하기로 하였다. 신기선은 책을 한 권 집어들고 가장 까다로운 대목을 물었다. 그러자 단재는 거침없이 술술 외며 시원스럽게 풀이까지 하였다. 다시 다른 책들을 꺼내 몇 가지를 더 물어 보았으나 여전히 청산 유수였다.

"허허, 정말 대단한 실력이군!"

신기선은 단재의 비상한 재능과 학구열에 크게 감탄하지 않을 수 없었다.

"이제 우리 집 책도 다 읽었다니, 내가 자네에게 더 큰 배움의 길을 열어 주어야 할 차례이네. 서울 성균관으로 가게나. 내가 천 거해 줄테니 어서 올라가게."

단재는 이렇게 신기선에게 인정 받고 성균관에 입교할 수 있었다. 신기선으로부터 도움을 받은 단재였으나 공과 사는 분명하게 구 분하여 차후 단재가 언론을 통하여 구국의 활동을 하던 시절 일진 회원 신기선의 매국행위에 대해서는 강력하게 성토하기도 하였다.

○ 성균관 스승들과

성균관 관장서리인 수당 이종원은 단재의 재능과 실력이 갈수록 두드러지자, 많은 관생들 중에서 그를 가장 총애하였다. 그는 단재 가 나이 어린 제자임에도 학문적인 소양은 오래지 않아 자기를 능 가하고 말 것이라고 예견하고 있었다.

"나를 제대로 이해하는 사람은 자네 한 사람뿐이네." 라고 이종원은 말할 정도였다.

당시 경학을 가르치던 이남규도 단재의 재능을 누구 못지 않게 인정하였다. 그는 어디에 가던지 "나의 제1제자는 신채호, 제2제자는 변영만이다." 라고 거침없이 이야기하곤 하였다.

○ 담배와 단재

단재는 술은 좋아하지만 많이는 못 마셔 두서너 잔이 고작이었다. 하지만 담배만큼은 유명한 골초였다. 글을 쓸 때는 언제나 줄담배를 즐겨하였다. 장죽에 기사미라는 잘게 썬 잎담배를 담아 피우는데, 다 타면 재를 털고 또 피우고 하여 나중에는 대통이 뜨겁게 달아 손으로 쥘 수 없을 정도까지 된다. 그러면 대통만 창 구멍을 통해 바깥으로 내밀어 그 열이 식을 때까지 기다렸다가 다시 피워 무는 식이었다.

단재가 대한매일신보에서 활동하던 시절, 대한매일신보는 대한제국 정부가 진 빚 1천 3백만 원을 갚는 국채보상운동을 이끌었다. 국민 모두가 아끼고 아낀 돈을 신문사로 보내며 이 운동에 참여하고 있을 때 단재는 그 즐기던 담배를 끊어 국채보상금으로 일금 2원을 냈다.

모두가 단재의 금연을 실패할 것이라고 하였지만, 나라를 위한 보상금 모금 운동에 단재는 금연을 통한 기금으로 참여하였던 것이다.

○ 유학의 거절

대한매일신보의 사장인 영국인 배설은 단재의 재질을 높이 사 미국으로의 유학을 단재에게 권했다. 더 많은 배움의 길을 터 주기 위한 배려였던 것이다.

그러나 단재는

"뜻은 감사합니다만, 지금 이 판국에 외국 유학이란 분에 넘치는 사치스러운 일입니다. 나라가 이 지경인데 저 혼자 흡족하게 공부하겠다고 여길 떠나다니요."

"그렇게 거절만 하지 마시오. 단재 선생이 공부를 더 하면 장차 이 나라를 위해 더 큰 일을 해 나갈 수 있을 것 아니오. 내가 비용은 다 대겠소. 당신은 세계적인 대학자가 되리라고 봅니다."

"나는 이미 이 겨레 이 나라와 운명을 같이 할 결심이 서 있으므로 지금은 한 발짝도 움직일 수 없습니다. 사장님 후의만은 잊지 않겠습니다. 외국 유학일은 없었던 것으로 합시다."

단재의 고집에 배설 사장도 더 이상 권할 수가 없었다. 단재의 역량을 보고 세계적인 석학으로 대성할 수 있도록 배려를 하고 싶어 했던 배설이었지만 역사의 고통을 외면할 수 없었던 단재의 결심을 꺾지 못했다.

고령신씨(高靈申氏)

○ 새해맞이 수세(守歲)

새해를 맞이하는 섣달 그믐날에는 뜬눈으로 지새우고 새해를 맞이해야지 그렇지 않으면 눈썹이 하얗게 된다는 속설이 있다.

단재가 30대로 접어들던 섣달 그믐날 변영만의 집에서 친구들과 함께 뜬눈으로 새해를 맞이하기로 친구들과 약속하였다. 모두들 술잔을 돌리며 시국담을 하고 있을 때 단재가 먼저 "우리가 오늘 밤 수세하기로 한 이상 무슨 일이 있어도 밤을 꼬박 새워야 하네." 라고 말했다.

그런데 시간이 얼마 지나고 나서 코 고는 소리가 들리는데 다름 아니라 단재가 코고는 소리였다. 친구들이

"이봐, 단재! 수세를 이렇게 하는 법이 어디 있나?" 하고 말하자 단재는

"아닐세. 아직 자는 것은 아니야."

그래도 좀처럼 잠에서 벗어나지 못하자 단재는 아예

"여보게들, 우리 잠자면서 수세합시다 그려······." 했다고 한다.

다음날 아침 친구들이 제일 먼저 수세하자고 하였던 사람이 먼저 코를 골며 잤다고 말하자, 단재는 "상관 있소? 나는 꿈나라에서 묵은 해를 장사 지내고 새해를 맞았소이다." 라고 말했다고 한다.

무슨 일에서나 자신의 일에 당당했던 단재의 모습을 엿볼 수 있는 일화이다.

○ 단재와 누더기 이불

어느 날 벽초 홍명희가 한밤중에 우연히 단재의 집에 들렀는데, 단재가 덮고 자는 이불이 더럽고 남루하여 기겁을 하고 나온 적이 있었다.

이튿날 벽초는 다른 친구에게 이런 사실을 이야기하였다.

"단재처럼 지저분한 사람을 미국에 유학보내면 분명히 한국 망신만 시킬 뿐이오."

친구가 벽초의 말을 단재에게 전하면서

"어찌 그런 더러운 이불을 덮고 자나? 전에 보니 이불이 그처럼 험한 것 같지는 않던데."

하고 말했다. 그러자 단재는 벌컥 화를 내면서,

"벽초는 내가 미국 가는 것을 시샘하는 모양이오. 자기도 가고 싶겠지. 하지만 나는 외국 유학이 조금도 내키지 않아 승낙을 하지 않고 있는데, 그걸 뻔히 알면서도 행여나 가지나 않을까 하여 그런 말까지 늘어놓고 다니는구만. 졸장부 같으니!" 라고 말했다.

모두들 마침 더러운 이불에 관한 이야기는 단재의 할아버지뻘인 신백우로부터 그 사연을 들을 수 있었다.

얼마전 신백우가 움막집에 병든 팔순 노모를 모시고 가난에 허덕이는, 단재와 이웃해 사는 딱한 날품팔이꾼 이야기를 듣고 쌀을 한 되 사들고 찾아갔다. 이때 단재가 함께 갔는데, 다른 물건을 사줄 돈이 있을 리 없어서 그냥 따라갔다가 병든 노인이 덮고 있는 이불을 보자 너무 안스러웠다.

"저 이불로 병약한 노인이 어떻게 추운 겨울을 지내겠나. 내 이불하고 바꿨으면 좋겠는데……. 내 것은 제법 두툼하거든."

"그거야 단재가 알아서 할 일이지 내가 관여할 바가 아니지 않소."

그러나 그 이불은 신백우가 단재를 위하여 사준 것이라 실제로는 신백우의 허락이 필요하였다.

"내 이불은 대부가 해다 준 것이니, 해다 준 사람과 덮는 사람이 다를뿐 아직 이불 임자는 내가 아니잖소?"

"무슨 이야기인가? 이미 내 손을 떠난 이상 그것은 단재의 이불이니 단재가 알아서 하시오."

이렇게 하여 단재는 자신의 이불과 노인의 이불을 바꿀 수가 있었다. 단재는 자신이 원해서 하는 일에는 남의 이목을 개의치 않았다. 그래서 누더기 이불을 덮고서도 편안하게 잠을 잘 수 있었다.

○ 단재의 천재성

단재가 대한매일신보에 근무하던 때였다. 일과를 마치고 삼청동의 집으로 돌아가던 도중 갑작스런 소나기를 만나 길가 추녀 밑으로 비를 피하러 들어갔다. 한참만에 주인이 대문 밖으로 나와 들어가 비를 피할 것을 권했다.

단재는 주인을 따라 그 집 사랑채로 들어갔는데 그곳에는 꽤 많은 책들이 쌓여 있어 단재의 눈길을 끌었다. 그중 한 책을 집어든 단재는 염치 불구하고 그 다음날까지 책을 읽어 독파하고 주인에게 잘 간직해 두라는 말을 하고 신문사로 돌아왔다.

몇 달 뒤 그 집이 화재를 당했다는 소식을 듣고 단재는 그 집으로 찾아갔다. 주인을 만나 지난 번 그 책은 어찌되었는지를 묻자 주인은 화재와 함께 불타버렸다고 대답하였다.

이 말을 들은 단재는 한편으로는 아쉬워하면서 그의 기억력을 토대로 책을 복원하기 시작하였는데 며칠 후 먼저 책과 똑같은 내용의 책이 단재에 의하여 복원되기에 이르렀다.

이러한 소식을 들은 주위 사람들은 단재의 천재성에 모두들 깜짝 놀랐다.

○ 단재의 유명한 세수법

단재의 세수법은 단재와 관련하여 가장 유명한 이야기이다.

단재는 세수할 때 허리와 고개를 굽히는 법이 없었다. 그냥 서서 손으로 물을 찍어 얼굴에 바르고 다시 물을 찍어 얼굴에 바르는 식이었다. 그렇게 세수를 하면 바닥과 옷이 온통 물에 젖어 버리곤 하였다.

주위의 사람들이 이상하다고 말들을 하였지만, 단재는 오히려

"옷 젖는 것이 뭐 그리 대단한 일이겠소. 나는 다만 고개를 숙이기가 싫을 따름이오." 라고 답했다. 일본이 우리 나라를 지배하고 있던 상황에서 고개를 숙이고 싶지 않았던 단재의 자존과 절개의

고령신씨(高靈申氏)

자세가 잘 드러난 면모였다.

○ 단재의 영어공부법

중국 망명시절 단재는 김규식에게서 영어를 배웠다. 독학으로 영어의 기본은 닦아 놓았으나 좀더 많은 공부를 위하여 김규식에게 청하였던 것이다.

김규식은 특히 발음 공부를 무척 까다롭게 가르쳤는데 참다못해 단재는 춘원에게로 갔다.

"춘원한테 영어를 배워야겠소. 발음은 쓸데없으니 뜻만 가르쳐 달라고 해도 그 사람이 꽤 까다롭게 그러더군." 이렇게 말하는 단재를 보고 이광수는 단재적 사고라고 생각하며 혼자 웃었다. 단재가 네이버(neighbour)라는 단어를 '네이그흐바우어'라고 읽자 변영만이 그중 묵음이 있어 그냥 네이버라고 발음하면 된다고 가르쳐도 단재는 "내가 왜 그걸 모르겠소? 그러나 그건 영국인의 어법일뿐인데 내가 그것을 꼭 지킬 필요가 있겠소?" 하고는 여전히 '네이그흐바우어'라고 읽었다.

그리고 영어를 읽으면서 '하여슬람'이라는 말을 덧붙이고는 하였는데 그 까닭을 묻자 "영문이나 한문이나 글은 다 마찬가지 아니오?" 하며 태연하게 '하여슬람'을 섞어 영어를 읽었다. 이 무렵에 배운 영어실력으로 단재는 에드워드 기본의 '로마제국흥망사', 토마스 카알라일의 '영웅숭배론' 같은 책을 읽고 해석하였다고 하니 단재의 재능이 무척 뛰어났음은 짐작하고도 남음이 있다.

○ 단재와 일본음식

중국 망명시절 단재가 한 친구와 함께 푸짐한 중국음식을 함께 하고 있을 때였다.

단재는 음식을 배달하는 소년에게 음식맛이 아주 좋다고 칭찬하고 나서 물었다.

"그런데 이 고기는 무슨 고기이기에 이처럼 맛이 유별나지? 어디서 온 것인가?"

"그 고기는 동양어라는 것으로, 일본에서 직접 가져온 희귀한 고기죠."

"뭐라고? 왜놈 음식이라고?"

그는 노발대발하는데 그치지 않고 그 길로 화장실로 달려가 먹은 음식을 모두 토해 버렸다. 대접한 친구가 도리어 미안하여 어찌할 바를 몰라 할 정도였다.

토하고 나서야 단재도 친구에게 미안한 생각이 든 모양이었다.

"미안하네. 하지만 왜놈 고기는 내 위장이 좀처럼 받지 않으니 별 수 없지 않은가."

○ 단재와 우응규

베이징 시절 황해도 출신 우응규라는 청년이 단재를 스승으로 모셨다.

그는 가난에 끼니를 굶는 스승을 보다 못해 변영만과 짜고 스승 몰래 스승이 앉는 자리 밑에 돈을 넣어 두었다. 그러나 단재는 청소를 전혀 하지 않고 사는 터라 돈을 깔고 앉아 있으면서도 밥을 굶었다. 단재가 쓰는 방은 외양간과도 같았다. 온갖 쓰레기가 방안을 구석구석 누비고 있었고, 그 가운데서 단재는 책 읽는 것에 푹 빠져있었다.

가끔 변영만이 "이봐, 단재. 돼지가 아닌 이상 어찌 이런 꼴로 방을 둔 채 생활한단 말이오?" 하고 질책을 하면 그에 못이겨 비를 들고 청소를 한다.

그러다 돈을 발견하면 "나는 돈이 떨어진 줄 알았는데 아직도 돈이 남아있네." 하며 호주머니에 돈을 집어넣는 것이었다.

○ 중국 신문에의 기고 중단

중국에 있던 단재의 명성은 중국인에게도 많이 알려져 있어 중국 유력지 〈베이징일보〉와 〈중화보〉 등에 논설을 싣게 되었다. 단재의 탁월한 문장 솜씨에 신문의 발행부수도 많이 늘어났고, 중국 언론계로부터 주목을 받았다. 그러나 단재는 자신의 글을 한 자라도 고치게 되면 그 신문에 글쓰기 하는 것을 당장 그만두었다. 단재가 〈베이징일보〉에 보낸 원고 중에서 '의(矣)'라는 토씨를 하나 빠뜨리고 발행하자 단재는 당장 집필을 거부하였다. 그 신문의 사장이 찾아와 사죄하였지만, 단재는 중국인의 한국인에 대한 우월감으로부터 나온 것이라 하여 끝내 집필을 거부하였다.

○ 찢어버린 3.1독립선언서

1919년 3월 1일 일어난 전국민적인 독립만세운동은 우리 나라의 독립의지를 세계에 알리고도 남음이 있는 일대 사건이었다. 이 소식은 단재에게도 들어가 단재는 최남선이 기초한 독립선언서를 들여다보게 되었다. 곧이어 단재는 크게 실망하고는 탄식하다 못해 "에잉!" 하는 그 특유의 말투를 내뱉으며 독립선언서를 찢어버리고 말았다.

"불과 몇 년짜리 운동을 선언했군! 이 판에 평화 운동이 다 뭐 하자는 거요?"

단재는 현재의 상황이 준비론이나 외교론으로 대처해야 할 것이 아니라 일제와의 비타협적인 투쟁만이 유일한 독립의 길이라는 것을 주장하였다.

○ 이승만을 반대한 단재

임시정부의 수립과정에서 단재는 미국에 들어앉아 위임통치나 청원하는 이승만을 국무총리와 대통령으로 추대하는 것에 대하여 격렬히 반대하였다.

"미국에 위임통치를 청원한 이승만은 이완용이나 송병준보다 더 큰 역적이오. 이완용은 있는 나라를 팔아먹었지만, 이승만은 아직 나라를 찾기도 전에 팔아먹으려 하질 않소! 그런데도 우리의 대표로 나설 수 있단 말이오?"

단재는 계속된 회의에서 자신의 주장을 거침없이 펼쳐나갔다. 그러다 도저히 참지 못하고 단재는 자리를 박차고 일어서 회의장을 빠져나가려 하였다.

이때 문을 지키던 젊은이들이 그러는 단재를 막아섰다.

"못 나가십니다. 정부 조직이 끝나기 전에는 이 방에서 아무도 나갈 수 없습니다."

눈물로 만류하는 청년들의 눈에는 어느 새 살기마저 감돌았다. 그만큼 정부 수립에의 열망은 비장했다. 단재 또한 처음의 뜻을 굽힐 줄 몰랐다. 청년들의 협박과 위협에 오히려 호통을 쳤다.

"우리에게 이제 남은 것이 무엇이더냐? 대의밖에 더 있는가? 민족적 대의가 용납할 수 없다." 그래도 청년들이 비켜서지 않자, "차라리 나를 죽이라." 하며 그들을 밀치고 퇴장해 버렸다. 이승만에 대한 올바르지 못한 임정의 노선에 대하여 단재는 끝없이 문제를 제기하였고, 이후 '신대한사건'을 일으키게 된다. 이것은 해방 후 이승만 정권 하에서 단재의 이름이 불리워지는 것이 금기시되는 한 원인이 되기도 하였다.

○ 죽음 앞에서도 친일과 비타협

여순감옥에 갇힌 단재는 나날이 병이 깊어가 주위의 사람들을 안타깝게 하였다.

이를 보다 못해 친지들이 단재의 일가뻘 되는 한 부호를 설득하여 그의 보증 아래 단재를 가출옥시키려고 하였다.

그러나 병상에 누워있던 단재는 이를 듣고 고개를 저었다. 그 보증인이 당시 친일파로 알려져 있던 사람이었기 때문이었다. 그에게 자신의 목숨을 위탁하는 것은 이제까지 지켜온 정신을 꺾는 일이라고 믿었기 때문이었다.

○ 죽어서 고향으로

단재가 여순감옥에서 서거한 이후 단재의 유해는 천안, 조치원, 청주를 거쳐 신백우의 집에 도착하였다.

평소 단재는 "내 죽거든 시체가 왜놈의 발길에 채이지 않도록 화장해 재를 바다에 띄워 달라."고 했지만 많은 사람들이 유해를 고국 땅으로 가져 가야 한다고 해서 고향 땅으로 오게 된 것이었다.

단재의 유해가 돌아오긴 하였지만 묘소 허가도 받을 수가 없어서 난감하였다. 그러던 중 마침 단재의 친척 중에 면장이 있어 그의 묵인 아래 암장을 할 수 있었다. 그리고 만해 한용운이 돌을 깎고 오세창이 글씨를 새겨 이를 단재의 묘소 앞에 세웠다. 후에 일제가 이를 알고 당시 면장을 파면시키기도 하였다.

단재(丹齋)의 생애와 학문(學問) 고찰(考察)

단재 신채호의 삶과 유훈(遺訓)
-단재 신채호선생(1880-1936)의 탄신 120주년을 기념하여-

동걸(趙東杰)

1. 머리말

우리의 근대지성을 대변한 단재 신채호 선생(1880-1936)의 탄신 120주년을 맞았다. 단재는 〈대한매일신보(大韓每日申報)〉 주필을 통해 논객의 명성을 얻은 후, 〈독사신론(讀史新論)〉을 통하여 역사학자로 등단하였고, 신민회·신한혁명당·대동단결선언 등을 통하여 독립운동가로, 조선혁명선언(朝鮮革命宣言)을 통해 독립운동 이론을 수립하였고, 무정부주의 운동을 통해 사상가로 입명하고, 한편 문학가로 주목을 받기도 했다. 그 가운데 역사학자로 특별히 주목을 받아 그의 탁월한 사료 처리는 당대 역사학의 거벽으로 손꼽혔다.

단재는 1880년 충남 대덕군 어남리 진외가에서 태어나 8세에 고향인 충북 문의군(청주) 화산리로 돌아와 살았다. 근방의 몇 마을에 세거한 이른바 산동(山東) 신씨(申氏)가 1890년대에 문중혁명으로 개화 개혁의 길을 열었는데, 그에 쫓아 신채호도 새롭게 개화하여 서울로 올라왔다. 성균관에 들어가 활동하다가 성균관 박사,

〈황성신문〉과 〈대한매일신보〉의 주필로, 또 신민회에 가입하여 지하운동을 전개하기도 했다. 1910년 대한제국이 멸망하기 직전에 망명길에 올라 청도회의를 거쳐 러시아 연해주로 가서 〈권업신문〉에 종사하다가 1913년에는 집안의 선배 신규식(申圭植)의 부름으로 상해에 왔다.

1914년에는 서간도 환인의 동창학교(東昌學校)에서, 1915년에는 북경으로 옮겨 신한혁명당에, 1917년에는 대동단결선언에, 1919년에는 임시정부 의정원에 참가하고, 신대한사를 설립했다. 그 동안 몇몇 언론지에 투고한 외에 역사논술과 상고사의 서술, 〈꿈하늘〉 같은 작품 등 많은 원고를 썼다. 1920년에는 박자혜(朴慈惠)여사와 결혼했다. 1921년에는 《천고(天鼓)》와 《대동(大同)》, 1923년에는 〈조선혁명선언〉을 작성하고 국민대표회에 참가하여 임시정부 창조론을 제기하였다.

1924, 5년에는 동아일보에 문헌고증의 논문과 〈낭객(浪客)의 신년만필(新年漫筆)〉, 〈조선역사상 일천년래 제일대사건〉 등의 논설을 연재하여 이목을 모았다. 1927년에는 신간회 발기에 참가하였다. 그에 앞서 단재는 무정부주의운동에 투신하여 상해·남경·북경 등지에서 활약하다가 1928년에 그의 사상을 대변한 〈용(龍)과 용의 대격전〉, 〈명(名)과 이(利)와 진(眞)의 3인〉, 〈선언(宣言)〉 등의 명문을 남기고, 동방무정부주의 운동을 실천하기 위하여 북경을 떠났다. 그해 5월 8일 대만의 기룡항(基隆港)에서 일경에 잡혀

여순감옥에 갇혔다.

1929년에 〈조선사연구초(朝鮮史硏究草)〉가 나왔는데 동아일보에 연재한 것을 홍명희(洪命憙)가 모아 간행한 것이다. 1931년에는 안재홍(安在鴻)의 주선으로 조선일보에 〈조선사(朝鮮史)〉(〈조선상고사〉로 간행)와 〈조선상고문화사(朝鮮上古文化史)〉가 연재됐는데 그것은 1921년 이전에 썼던 고대사 관계 원고였다. 그 외에도 많은 시론·시·수필·소설 등의 원고가 있었는데 1966년에 평양에서 《용과 용의 대격전》(조선문학예술총동맹출판사)이란 책으로 출간되었다. 옥중의 단재는 10년형을 거의 마쳐가던 1936년 2월 21일에 옥사하였다.

2. 보도기사를 통해본 단재상(丹齋像)

단재가 옥사했다는 소식을 듣고 벽초(碧初) 홍명희(洪命憙)는 〈곡단재(哭丹齋)〉라는 글에서 7년 전인 1928년에 단재가 마지막 편지일수도 있다는 심정에서 보낸 편지를 소개했다.

"형에게 한마듸 말을 올니라고 이 붓이 뜹니다. 그러나 억지로 참옵니다. 참자니 가슴이 아픔니다마는 말하란즉 뼈가 절입니다. 그래서 아픈 가슴을 들(움)키어 쥐고 運命의 정한 길로 갑니다." 그리고 벽초는 "永遠히 가슴에 품고 간 '한마듸의 말'은 무슨 말일까? 이 말은 정녕코 나 個人에게 보담도 우리들에게 부치고 싶은 말일 것이다. 나더러 某社에서 退社하라는 서신에는 우리의 處身을 가르친 말이 잇섯고 자기가 新幹會 發起人됨을 허락하는 서신에는 우리에게 友道를 가르친 말이 잇섯다. 이러한 서신을 다시 누구에게서 바더볼까. 살아서 귀신이 되는 사람이 허다한데 丹齋는 살아서도 사람이고 죽어서도 사람이다." 라고 했다.

벽초는 단재의 가장 가까운 친구였다. 단재가 1924년 10월 20일부터 〈동아일보〉에 논문을 연재할 때 단재와 동아일보사 사이의 거간인도 벽초가 맡았다. 그렇게 단재와 특별한 관계를 가졌던 벽초가 단재를 살아서도 사람이고 죽어서도 사람이다 라고 회고한 그 점을 탄신 120주년을 맞는 오늘, 필자는 특별히 기념하고 싶다. 그때 〈동아일보〉에서는 정인보(鄭寅普)와 심훈(沈熏)의 추도문을 실었고(2.26-3.13), 〈조선일보〉에서는 안재홍(安在鴻 : 2.27)에 이어 홍명희(洪命憙)·홍기문(洪起文) 부자의 글을 실었다(2.29-3.2). 그리고 월간지 《신동아》 4월호에서 정인보(鄭寅普)·서세충(徐世忠)·신석우(申錫雨)·海客(해객)의 글을 실었고, 《조광》 4월호에서는 안재홍(安在鴻)·이광수(李光洙)·홍명희(洪命憙)·이극로(李克魯)·이윤재(李允宰), 그리고 미망인 박자혜 여사의 추도문도 싣고, 《중앙》 6월호에서는 변영만(卞榮晩)의 추억 어린 조사를 실었다.

단재가 해외 망명 이후에 국내에서 주목을 받기 시작한 것은 1924년 1월 1일 〈동아일보〉에 〈조선고래의 문자와 시가의 변천〉을 발표한 후, 〈동아일보〉·〈시대일보〉·〈조선일보〉에

고령신씨(高靈申氏)

조선사와 조선어 관계 논설을 연재하면서 비롯되었다. 그때에 《개벽》 1925년 8월호에 변영로가 단재를 소개하는등, 단재가 일반인에도 알려지게 되었다.

옥고 중에는 〈조선일보〉에서 옥중 면담 기사로 이관용(李灌鎔 : 1928.11.8)·신영우(申榮雨 : 1931.12.18-12.30)의 글을 싣는 한편, 문일평(文一平)의 〈독사한평(讀史閒評)〉(1929.10.15)을 실었고, 〈동아일보〉에서는 단재의 가족 박자혜여사 삼모자의 생활상(인사동 69번지)을 특집으로 보도했다(1928.12.12).

이러한 보도를 통하여 알려진 단재의 특징은 천재형의 재사, 지조와 절개, 기인성향 등이었다. 거기에 필자가 보탤 것이 있다면 만혼의 부인에 대한 연정과 두 아들에 대한 자정이 남달랐다는 점이다. 그것은 남편 단재에 대한 박자혜 여사의 조사(제문)에도 잘 나타나 있지만, 단재가 자존심을 누르고 벽초에게 관훈동 182번지 이운경가(李雲卿家)에 사는 부인을 찾아가 "생활의 정형(情形)을 한번 보심을 바랍니다."라고 부탁한 것을 보아도 알 수 있다. 그리고 조선일보 신영우 기자의 옥중면담 기사에서도 인사동 125번지에 군색스럽게 살고 있는 그의 가족에 대한 단재의 애정을 읽을 수 있다.

단재는 그 식솔의 생활비를 위하여 마음에 차지 않는 원고를 투고하다가 중단하는 등, 가족에 대한 사랑이 넘친 나머지 변덕도 부렸다. 여기서 기억할 것은 단재는 가족을 버리고 떠난 독립운동가가 아니라는 점 즉, 가족에 대한 넘치는 사랑을 누르고 독립운동에 몸바쳤다는 사실이다.

단재가 30세 무렵에는 독특한 고집과 행색을 가지고 있었다. 1910년 망명 도중에 정주 오산학교에 머물었는데 그때 시당(時堂) 여준댁(呂準宅)에 유숙하면서 서서 세수를 했다던가(이광수), 손수 만든 궐련을 연거푸 피웠다던가, 속알이로 배를 감싸 쥐고 다녔다 던가(정인보), 짝이 다른 양말과 신을 신고 다녔다던가 하는 특이한 행색이 있었다. 그러나 1928년 이후 여순 감옥을 방문한 기사들을 보면, 한결같이 건강이 좋게 보였다던가, 단재 자신이 건강을 자신하면서 10년 옥살이 후에 문필활동을 장담하면서 강제 노역중 10분 휴식 시간에도 책을 읽는 의욕적 생활을 했다. 그래서 1910년의 단재와 1930년의 단재를 똑같이 볼 것은 아닌 성 싶다. 천재는 변화 속도도 빠른 것이 아닌가 한다.

그러나 기본적 특징은 크게 달라진 것 같지가 않다. 초고속 독서, 능좌담이나 불능연설, 독특한 자습 영어, 능문악필 그리고 날카로운 눈매와 말씨도 변함이 없었다. 단재를 추도하면서 벽초 홍명희가 "해외에 나가 지낸 까닭에 지금 역내에는 지구(知舊)가 그리 많지 못합니다. 나의 생각나는대로 손꼽아 쳐보면 경부(耕夫, 申伯雨), 우창(于蒼, 申錫雨), 곡명(穀明, 卞榮晩), 춘강(春岡, 徐世忠), 호암(湖岩, 文一平), 위당(爲堂, 鄭寅普), 해광(海光, 崔胤東), 월봉(月峰, 韓基岳), 심암(心庵, 朴敦緖), 성우(成友, 洪璔植)을 들 수 있습니다." 라고 했다.

내지에는 그렇다치고 해외에서 단재와 가깝게 사귄 인사는 필자가 알기로 양기탁(梁起鐸)·여준(呂準)·박은식(朴殷植)·윤세복(尹世復)·박용만(朴容萬)·신규식(申圭植)·김규식(金奎植)·이회영(李會榮)·김원봉(金元鳳)·유자명(柳子明)·김창숙(金昌淑)·변영만(卞榮晩)·조소앙(趙素昻)·이극로(李克魯)·이윤재(李允宰)·안재홍(安在鴻) 등이 아니었던가 한다. 면면이 높은 인격자로서 식민지 시기에 더 없이 좋은 교우였다는 것을 알 수 있다. 그러한 교우도 단재가 극히 인간적이고 절개와 지조의 인물이었다는 것을 반영한다고 보아 좋을 것이다.

3. 단재가 남긴 유문(遺文)

단재의 유문은 환인(桓仁)의 동창학교에서 사용했다는 《조선사》나 상해에서 독립신문에 대항하여 발간한 《신대한》과 북경의 《천고》에 게재된 일부 기고문 외에는 평양의 인민대학습당에서 보관하고 있다는 단재의 문학유고를 모아 1966년에 출간한 《용과 용의 대격전》, 1972년부터 서울에서 간행한 《단재 신채호전집》 상하보유편과 《개정판 단재신채호전집(改訂版 丹齋申采浩全集)》 상중하별집에 게재되어 있다. 그것을 보면 시대사 외에 논설이나 작품 가운데 〈독사신론〉(1908), 〈20세기 신국민〉(1910), 〈꿈하늘(몽천, 1916)〉, 〈신대한 창간사〉(1919), 〈천고 창간사〉(1921), 〈조선사 총론〉(1921), 〈조선혁명선언〉(1923), 〈낭객의 신년만필〉(1925), 〈조선역사상 일천년래 제일대사건〉(1925), 〈용과 용의 대격전〉(1928), 〈선언〉(1928), 〈명과 이와 진의 삼인〉(1928) 등이 특별히 주목을 끈다.

그 외에 이윤재가 1936년에 15년 전에 보았다는 다섯 책의 원고 〈조선사통론〉·〈문화편〉·〈사상변천편〉·〈강역고〉·〈인물고〉가 연구자마다 전하지 않는다고들 말하고 있는데 그것은 신일철 교수의 분석대로 《조선사 총론》과 《조선상고문화사》와 그리고 《조선사연구초》에 등재된 논문들로 전해졌다고 보는 것이 옳을 것 같다.

단재의 논설문은 한결같이 진보적 특성을 가지고 있는데 1919년 〈신대한 창간사〉부터 후기의 것과 그전의 것으로 대별된다. 전기의 것은 계몽주의·애국주의·민족주의를 대변하고 있었다면 후기의 것은 민족주의와 무정부주의가 혼용된 내용으로 구성된 것이 많다. 1919년의 〈창간사〉에서 인류 역사를 투쟁의 기록으로 보고 "갑은 민족전쟁이요 을은 계급전쟁이라"고 하며 현재는 노동 자본 양계급의 전쟁시대로 "우리도 미래의 이상세계는 빈부 평균을 주장하노라"라는 글에서 전기와 다른 급진적인 진보성향을 보게 한다. 이러한 논설은 1921년에 간행한 《천고》 창간사의 내용이나 제2호에 실린 〈고조선지사회주의〉와 같이 1921년에도 지속되고 있었다. 그것을 보면 단재가 일찍부터 가지고 있던 사회진화론의 사상은 1919년 삼일운동의 인도주의를 경과하며 반성하면서 계급 평등사상으로 대체되었고, 그의 실천논리가 투쟁의 이론으로 자리잡았다는 것을 알 수 있다. 그리고 그러한 논리를 총괄한 사상으로 무정부주의를 도입했다고 이해된다.

　이렇게 보면 단재는 1900년 전후에 개명하여 사회진화론적인 계몽주의자가 되어 애국적 영웅주의를 표방했는데 그것은 1916년의 《꿈하늘》이 대변하고 있다. 1917년부터 사회주의에 대한 이해가 진행되어 1919년에는 사회주의적이었다가 사회주의와 무정부주의가 별개의 운동노선을 갈 때(1922) 무정부주의를 선호한 것으로 보인다. 그후 〈조선혁명선언〉 - 〈낭객의 신년만필〉 - 〈선언〉으로 가면서, 즉 1920년대 중기 이후로 가면서 민족주의 수단을 통해 무정부주의를 달성하려는 단재 나름의 구상이 심화되어 갔다고 생각된다. 그를 대변한 작품이 〈용과 용의 대격전〉이 아닌가 한다. 이것을 맑스-레닌주의의 영향을 받아 사회주의를 추동한 글로 보기도 하는데, 필자가 보기에는 여러 사상의 영향을 받았겠지만 글의 성격은 무정부주의의 작품으로 보아야 할 것 같다.

　그와 같이 단재는 무정부주의자이기는 해도 단재의 사상을 기왕의 어떤 틀에 맞추려고 하지 말고 단재 나름으로 생각해야 단재를 이해할 수 있다고 주장한 필자의 종래의 이해가 지금도 다를 바 없다고 생각된다. 민족주의 사회주의 무정부주의 속에서 단재를 찾다가 보면 단재를 찾을 수 없는, 단재 나름의 길이 있었다고 느껴진다는 말이다. 그것이 바로 단재의 특징일 것이다.

단재의 사론이나 역사연구에 대하여는 그를 "조선 근대사학의 기점"이라고 높이 평가한 홍이섭(洪以燮)의 글이 있는가 하면, 맹렬히 비판한 홍기문(洪起文)의 글이 있다. 홍기문의 비판은 과학성이 없다는 것이다. 그것은 단재의 글을 1931년 〈조선일보〉에 연재한 당시의 글로 보면, 한계가 있는 것이 당연했다.

고대사에 치중한 단재의 역사 서술이 원시시대에 대한 이해 없이 단군조선을 서술했으므로 1931년의 연구성과로 보면, 초입부터 과학성이 없다는 평가를 면하기 어려웠다. 더구나 1933년에 백남운(白南雲)의 《조선사회경제사》가 출간된 뒤인 1936년에 평론한 홍기문의 관점에서 과학성이 없다고 말할 수밖에 없었을 것이다.

그러나 단재의 유심론사관(唯心論史觀)과 홍기문의 유물론사관(唯物論史觀)과는 기본적 차이가 있었다. 그리고 단재의 글이 앞에서 지적한 것처럼 1921년의 저술이라는 점에서 보면 그때의 연구수준으로 본다면 사관의 차이가 있다고 해도 과학성이 없다고 말할 수 없을 것이다. 그래서 《조선사》(조선상고사)에서 특히 〈총론〉은 1908년의 〈독사신론〉을 1921년에 보완한 사론으로 사학사적으로 특별히 평가되어야 할 것으로 안다. 서술 내용에 미진한 점이 있다는 것은 단재 자신이 연재를 중단시켰던 사실로도 알 수 있지만 내용에서도 전반적인 문헌 고증에는 자타가 공인하듯이 실증적이요 과학적이었다. 정인보는 "기록을 정리하여 나가는 데 마치 엉킨 실을 풀 때 매듭 한 군데를 끌르면 쫙 풀리는 것같이"

해석하는 영원이 있다고 했다. 그러한 점은 단재 역사학에 역사 법칙성, 즉 과학성이 없다고 비평한 홍기문도 단재를 "거대한 사료 고증학자다, 거대한 문헌학자"라고 높이 평가하고 있었다.

단재는 문장에도 자신하고 있었다. 한문의 나라인 중국에서 한문으로 언론지에 투고할 경우에도 글자 하나를 고치지 못하게 했다. 그리고 옥중에서 이관용(李灌鎔)에게 웰즈의 《세계문화사》·《에스페란토문전》·《윤백호집》의 차입을 부탁했고, 신영우에게는 국조보감, 조선집요, 에스페란토 원문책, 자전을 차입해 달라고 요구하면서 "조선사색당쟁사와 육가야사만은 조선에서 내가 안이면 능히 정확한 저작을 못하리라고 밋고 잇슴니다."라고 역사 서술에서도 자신하고 있었다. 그리고 1928년에 벽초에게 보낸 편지에서는 〈대가야천국고(大伽倻遷國考)〉와 〈정인홍공약전(鄭仁弘公略傳)〉은 원고 구상이 끝났다고(腹藁) 말했다. 에스페란토에 대한 향념을 거듭 보였던 것은 무정부주의운동에 대한 열의의 반영으로 이해할 수 있지만, 북인 정권의 대표격인 정인홍의 전기를 쓴다는 것이나, 단재가 남인 집안에서 성장하였고 남인 당색이 철저한 진외가에서 자란 처지에서 당쟁사를 어떻게 구상했을는지는 알 수 없지만 그에 대하여도 자신하고 있었다는 것이 주목된다.

위당 정인보는 단재가 유학 뿐만 아니라 불교에 대하여도 조예가 깊어 "조선인거사림에 거의 최고"라 했다. 거기에 영어를 익혀 서양 원전도 읽었다는 점까지(변영만 회고) 아울러 고려한다면 단재의 지식은 해박하고 그의 유문은 동서고금에 이르기까지 미치지 않은 것이 없는 다양한 특색을 가지고 있었다고 할 것이다.

그러한 학문적 재능과 식지 않는 연구 의욕을 가지고 있던 단재였으므로 감옥에서도 많은 저작을 남겼을 것으로 기대하고 있었다. 그래서 부음이 전해지자 위당은 "만일 의식만 조금 붙었다면 달려가서 사학에 관한 가장 아까운 소득을 얻고하여 보려고" 했으나 이미 운명했다는 소식을 듣고 "아, 사학의 거벽이 여기불가전야(與其不可傳也)로 사의(死矣)라." 고 했다. 1928년부터 옥중에서 집필한 원고가 없을 수 없는데 어디로 갔을까? 지금 생각해도 아깝고 안타까운 일이 아닐 수 없다. 1928년 이전의 원고는 1960년대 초에 평양의 국립도서관에서 발견됐는데 그 유고도 어떤 경로를 통해 거기에 있게 됐는지를 알 수 없다고 한다면 유고 가운데 아직 찾지 못한 것이 있을 터이니, 나머지 유고가 발견될 가능성도 배제할 수 없을 것이다.

4. 단재의 민족운동상의 위치

단재는 20대 초반에 성균관에 있을 때부터 자기가 생각한 것을 민족운동으로 발전시킨 적극성을 보이고 있었다. 그때 안동의 유생 유인식(柳寅植)이 신채호의 설득에 생각을 고쳐 단발을 하게 되었다는 고백이 있다. 그 후 유인식이 안동유림의 혁명적 변화에 결정적으로 기여했다는 점을 감안하면 신채호와 유인식의 성균관의 만남이 갖는 의미가 가볍다고 할 수 없을 것이다.

그리고 단재가 〈황성신문〉과 〈대한매일신보〉에서 끼친 계몽운동의 영향은 새삼 재론할 여지가 없다. 망명 초기에 러시아 연해주를 거쳐 중국으로 옮겨 대종교에 입신한 것이 주목되나 곧 멀어진 것 같고, 1915년에 이상설의 신한혁명당에 가담했다가 1917년에는 상해에서 신규식·박은식·박용만·조소앙 등과 대동단결선언에 참여했다. 뒤이어 1919년 임시정부 수립에 가담했다. 거기에서 이승만이 국무총리에 이어 대통령에 당선되니 단재는 임시정부를 나와 독자노선을 걸으며 반이승만 투쟁을 전개했다. 1921년부터 북경에 거주하며 이회영·김창숙 등과 교유하였고, 이때 활발한 문필활동을 전개하는 한편 무정부주의에 기울어 갔다.

그런데 단재는 문필가였고 문화운동자였다. 그의 논리와 사상은 무장투쟁이요 의열투쟁이요 민중투쟁이요 비타협 투쟁이었지만, 그것을 실천한 것이 아니라 그러한 사상과 행동을 문필로 계몽하고 있었다. 구한말 계몽운동을 전개했던 것이나, 망명 후 연해주에서 〈권업신문〉 등의 언론활동이나, 상해에서 《신대한》을 발행하면서 〈독립신문〉의 이광수와 논쟁했던 것이나(1919-1920), 이승만을 성토한 〈성토문〉(1921)을 발표한 것이나, 의열단 선언문인 〈조선혁명선언〉(1923)을 작성 발표한 것이나, 무정부주의 〈선언〉이나 모두 문화 양식을 통해 나타내고 있었다.

그러나 그것이 문화운동의 본령은 아니다. 위의 것들이 문화의 양식이기는 하지만 그것은 무장투쟁의 일환으로 전개한 문화적 수단에 불과한 것이다. 단재와 관련된 문화운동이라면 조선역사의 저술 같은 것을 어떻게 보아야 할 것인가 하는 것이다. 여기서 문화운동의 양면성에 유의해야 한다. 그것은 민족보존운동으로 전개한 국학운동과 단순한 실력양성운동이다. 거기에서 실력양성운동은 현실도피 성격을 띄고 있었지만 국학운동은 독립운동의 성격을 가지고 있었다.

일본의 식민통치가 민족동화정책을 기조로 조선민족 말살을 획책하고 조선문화 말살 왜곡을 추진하고 있었으므로 민족의 어문과 역사와 예술을 보전하고 발전시켜 민족말살을 극복했던 것은 독립운동 그 자체였다. 최현배·김두봉·이극로·이윤재 등의 조선어학회 활동, 한용운·이상화·현진건·홍명희 등의 문학활동, 박은식·계봉우·장도빈·황의돈·권덕규·문일평·백남운·최익한·정인보 등의 한국사 서술 등이 다 함께 독립운동의 의미를 가지고 있었던 것이다. 때문에 국어국문학 국사학 등의 국학자가 변절하거나 이광수처럼 엉뚱한 길을 가면 맹렬한 비난을 받았던 것이다. 단재의 역사 서술이나 문학 창작물이 갖는 역사적 위치가 그의 학문성이나 예술성에 그치지 않는 이유도 거기에 있다.

다음에 단재는 무정부주의자였다. 그는 젊은 시절에도 이상주의를 추구한 나머지 허무주의 성향도 가지고 있었던 것을 보면, 무정부주의자가 될 소지를 일찍부터 가지고 있었다. 그리고 흔히 민족의 독립, 즉 민족주의를 위하여 무정부주의를 수단으로 했다고 말하는데 필자는 그의 역으로 보고 있다. 무정부주의를 최고의 가치로 보고 그를 위하여 민족주의를 수단으로 했다고 보는 것이다. 그것이 단재 방식일는지 모른다. 무정부주의자의 사상 풍토를 보면, 처음에는 왜놈에 대한 적개심을 불태우다가, 일본제국주의에 대한 과학적 비판과 타도의식을 갖게 되고, 다음에 제국주의 일반에 대한 비판 논리로 발전하여 나중에는 권력 자체에 대하여 부정 논리를 갖게 되면서 명예도 거부하는 순서를 밟는 경우가 많았다. 그리하여 권력의 지배가 없는 자치사회, 즉 무정부사회를 표방하는 것이다. 이회영·유자명·김종진·이을규·정화암·유림, 그리고 김좌진에 이르기까지 그러한 무정부주의로 가다가 1930년을 전후하여 단재와 더불어 이회영·김종진·김좌진 등이 불운에 빠지면서 다양하게 변질되어 갔다고 이해되는 것이다.

그때 단재는 극단의 길을 택하였다. 1928년에 동방(아시아) 무정부주의자연맹 북경회의 끝에 〈선언〉을 작성하고 직접 의열투쟁 거점을 마련하기 위하여 북경을 떠났다. 중국인으로 변장하여 일본을 거쳐 대만으로 잠입했다가 그 해 5월 8일에 일경에 잡혔다. 그때 마지막으로 홍벽초에게 보낸 편지에서 단재는 "弟는 불원간 아마 10년 役所로 향하야 發程할 것입니다. 이 세상에서 面目으로 다시 상봉하게 될는지가 의문입니다. …… 而今에 가장 애석하는 양개의 腹藁〈大伽倻邊國考〉〈鄭仁弘公略傳〉이 잇스나 이것들

은 弟와 한가지 地中의 物이 되고 말는지도 몰으겠습니다. ······
그래서 압푼 가슴을 들키어 쥐고 運命의 정한 길로 갑니다." '운
명의 정한 길', 즉 용과 용의 대격전장을 만들지는 못해도 죽음의
길로 간다는 뜻을 분명히 하고 있었다. 여기서 단재가 단순한 문화
운동가가 아님을 다시 한번 입증해 준다. 단재는 실천적 지식인이
었다는 것을 말해 주고 있다.

5. 맺음말

단재 신채호는 변혁기의 지식인으로서 신문화 신사상을 과감하
게 수용하였다. 그렇다고 외래문화에 함몰하는 방식이 아니라 비판
적으로 수용하고 이용하는 자세였다. 공자의 조선, 예수의 조선이
아니라 조선의 공자와 예수를 만든다는 것이다. 그것을 필자는 단
재의 자아 인간주의라고 특징지어 이름하고 싶다. 그러한 자아 인
간주의는 오늘날 통신 정보체제에 자아가 마멸되고 인간 자체를
상실하고 있는 몰자아·몰인간·몰역사의 위기를 생각해서 백번 음미
해도 좋을 교훈으로 생각된다. 여기에서 단재는 "죽어서도 사람"
이라는 벽초의 말을 되새기고 싶다.

다음에 역사 논설은 저술 당시의 한국사학의 수준과 서술조건을
고려하여 평가되어야 할 것이다. 그랬을 때 한국사학은 기록의 시
대에서 《삼국사기》와 《삼국유사》로 역사 서술이 시작되고,
《동사강목》에서 학문적 연구가 시도되고, 《독사신론》과

《조선사(조선상고사) 총론》에서 사론이 전개되고 《조선사회경제사》에서 사론의 발전을 보게 되었다고 보면서, 그러한 한국사학의 발전 위에서 단재사학의 위치를 보아야 한다고 생각한다.

그리고 해방과 더불어 역사의 기록과 서술과 연구와 사론이 동시에 폭발적으로 전개되었던가 하면, 6·25전쟁을 전후하여는 극단적으로 경직·위축되었다가 1990년대 냉전체제의 붕괴와 군사정권의 퇴진을 계기로 한국사학의 논의가 다시 활발해졌다고 말할 수 있는데, 그렇다면 그때 학문적 동력을 어디에서 공급받았던가? 거기에 단재사학이 기여한 바가 있었다고 생각한다. 그렇게 사학사적 관점에서 단재사학의 위치를 이해해야 단재사학의 진정한 가치를 파악할 수 있다. 그것이 역사주의에 충실한 이해 방법이기도 할 것이다.

단재는 문학 작품도 적지 않게 남겨 놓았다. 1960년대 초에 평양의 국립도서관에서 단재의 문학유고가 뭉치로 발견되어 평양 학계에서는 문학에 대하여 크게 주목하고 있는 것 같다. 김병민교수(연변대학)는 김일성대학에서 단재의 문학 작품으로 박사학위 논문을 썼다. 우리의 현대문학이 이른바 친일문학으로 맥락을 이룬다는 주장을 감안해서 고무적인 일이 아닐 수 없다. 그 외에 단재가 남긴 많은 시평의 논설문도 기억해야 할 것은 물론이다. 오히려 논설문을 통해야 단재의 인격과 사상의 진수를 이해할 수 있다고들 말한다.

독립운동에서는 무엇보다 독립운동의 방향과 이론을 정립했다는 점이 중요하다. 비타협·무장운동·의열투쟁·민중운동의 논리를 특히 〈조선혁명선언〉(1923)에서 정립한 후 1928년의 〈선언〉에 이르기까지 더욱 구체적으로 발전시켰다. 그리고 자신을 그 이론에 던져 실천적 지성인답게 삶의 최후를 장식하였다. 그래서 단재를 역사에 편승한 것이 아니라 역사를 만들며 살았던 근대 지성의 대변자라고 하는 것이다.

참고문헌(參考文獻)

『삼국사기』(三國史記)

『삼국유사』(三國遺事)

『고려사』(高麗史)

『고려사절요』(高麗史節要)

『조선왕조실록』(朝鮮王朝實錄)

『고려공신전』(高麗功臣傳)

『국조인물고』(國朝人物考)

『국조방목』(國朝榜目)

『동국여지승람』(東國輿地勝覽)

『고려명신록』(高麗名臣錄)

『독립운동사』(獨立運動史)

『각성씨세보』(各姓氏世譜)

『성씨의 고향』(姓氏의 故鄕)

『한민족대성보』(韓民族大姓譜)

『한국문화유적총람』(韓國文化遺跡總攬)

『대동방씨족원류사』(大東方氏族源流史)

『한국의 전통예절』(韓國의 傳統禮)

『한국성씨총감』(韓國姓氏總鑑)

『한국인명대사전』(韓國人名大辭典)

『성씨대보총람』(姓氏大譜總覽)

고령신씨(高靈申氏) 이야기

2014 年 10 月 20 日 인쇄
2014 年 9 月 25 日 발행
편 저 : 성씨이야기편찬실
발 행 : 올린피플스토리

출판등록 : 제 25100 - 2007 - 000017 호
주   소 : 서울특별시 강동구 구천면로 18길 23호
홈페이지 : http://www.ollinpeople.co.kr
전   화 : 070) 4110 - 5959
팩   스 : 02) 476 - 8739
정   가 : ₩ 19,800

I S B N : 979-11-5755-143-9

* 파손된 책은 바꾸어 드립니다.